全国教育科学"十三五"规划2016年度教育部重点课题
"小学德育质量监测工具的实践研究"(课题批准号DEA160370)研究成果

小学德育质量监测工具：原理和应用

高本光 著

厦门大学出版社 | 国家一级出版社
XIAMEN UNIVERSITY PRESS | 全国百佳图书出版单位

图书在版编目(CIP)数据

小学德育质量监测工具:原理和应用/高本光著.—厦门:厦门大学出版社,2021.8
ISBN 978-7-5615-8345-6

Ⅰ.①小… Ⅱ.①高… Ⅲ.①小学—德育—教育质量—质量管理—研究 Ⅳ.①G621

中国版本图书馆 CIP 数据核字(2021)第 160048 号

出 版 人	郑文礼
责任编辑	李峰伟　陈进才

出版发行	厦门大学出版社
社　　址	厦门市软件园二期望海路 39 号
邮政编码	361008
总　　机	0592-2181111　0592-2181406(传真)
营销中心	0592-2184458　0592-2181365
网　　址	http://www.xmupress.com
邮　　箱	xmup@xmupress.com
印　　刷	厦门集大印刷有限公司

开本	720 mm×1 020 mm　1/16
印张	11.5
字数	200 千字
版次	2021 年 8 月第 1 版
印次	2021 年 8 月第 1 次印刷
定价	42.00 元

本书如有印装质量问题请直接寄承印厂调换

厦门大学出版社
微信二维码

厦门大学出版社
微博二维码

序 言

　　教育监测与评价在教育体系中起着什么样的作用是不言而喻的。评价是指挥棒，评价是方向盘。也正因为如此，评价改革永远是教育改革中最难以突破的地方，是教育改革的瓶颈。进入新时代以来，党和国家针对我国教育长期难以突破的评价问题提出要求、方针和政策。特别是，为了认真落实全国教育大会和全国基础教育工作会议部署，积极推进义务教育评价改革，扭转唯分数、唯升学不良倾向，根据中共中央、国务院印发的《关于深化教育教学改革全面提高义务教育质量的意见》和《深化新时代教育评价改革总体方案》精神，教育部、中央组织部、中央编办、国家发展改革委、财政部、人力资源社会保障部6部门于2021年3月1日正式发布了《义务教育质量评价指南》。新时代的基础教育已经迎来高质量发展的新阶段，迫切需要完善义务教育质量监测和评价体系，引导全社会树立科学教育质量观。

　　在教育涉及的所有领域的监测与评价改革中，德育领域包括思政课如何更好地监测与评价是长期困惑基础教育的一大难题，包括对德育是不是可以监测与评价都争论不休。德育监测既是学术问题也是实践问题。2017年，我国第一次正式开始国家德育监测，本人作为国家首次德育监测的牵头人和首席专家，从2015年起就开始德育监测与评价的相关研究与实践，深知开展德育监测与评价的不易，也特别期盼有更多的研究者一起来共同开展德育监测与评价研究，探索相关领域更多的可能性。

　　小学德育质量监测是当前小学思政课教学研究的热点话题。令人欣慰的是，基于我国德育质量监测的多年实践，学术界和学科教师已经对小学德育质量监测和评价形成许多基本的共识。这些共识可以概括为"五个重视，五个避免"：一是重视改进与促进学科教学，避免只是鉴定或选拔的功能；二是重视指导学生学会自我评价，避免让学生充当被动的"受评人"；

三是重视提供改进教育教学的具体数字依据，避免把学生分出三六九等；四是重视描述与交流评价结果，避免只是告知答案的对错或订正；五是重视不断完善评价工具，避免只是重复运用已有的监测工具。在教育教学实践中，许多教师都不同程度地了解以上一些基本共识，但仍有许多教师不知道符合上述这些评价理念背后的理论基础，也不知道具体的工具与技术是什么样的，更不用说开发符合上述基本理念的学科监测和评价工具。如何更好地帮助老师们认识德育质量监测的相关原理及具体工作和操作技术，是目前有待于深入研究的课题，也迫切需要有一本相关著作对此进行梳理与总结。

《小学德育质量监测工具：原理和应用》就是这样的一本书。该书是全国教育科学"十三五"规划2016年度教育部重点课题"小学德育质量监测工具的实践研究"（课题批准号DEA160370）课题组近5年理论研究和实践探索的总结。该书比较清晰地阐述了小学德育质量监测的定位、核心理念和监测内容框架的建构，具体分析了小学道德与法治学科必备品格和关键能力以及学科行为动词的理解和把握，并详细介绍了多种监测和评价工具，包括纸笔测试工具、表现性评价工具、问卷工具等。另外，该书还对监测工具的质量评价、监测结果的解读和应用以及学科教师评价素养的提高进行了深入探讨，可以作为读者研发具有本土化和学科化的义务教育质量监测及评价工具的参考书。

该书涉及小学德育质量监测和评价领域的理论和实践研究的许多关键问题，论点条理清晰，能结合具体案例进行分析，体现务实与理论的一致性。本人认为，在我国教育改革已经进入深水区的今天，有这样一本对我国小学德育质量监测相关的著作是难能可贵的。虽然研究还要继续，书中的观点与具体案例还可以进一步深化与完善，但还是非常值得相关领域的研究者和广大一线教师学习和参考的一本书。

特此推荐，是为序。

2021年8月

目 录
CONTETS

第1章 小学德育质量监测的定位 ... 1
1.1 改革开放以来基础教育质量监测的发展历程 ... 1
1.1.1 以督导评估为依托的萌芽期(1978—2001) ... 2
1.1.2 开展教育质量监测的探索和试点期(2002—2014) ... 2
1.1.3 监测与评价体系的建设和完善期(2015至今) ... 3
1.2 《评价指南》的发布 ... 4
1.2.1 《评价指南》为新时代的质量监测指明了方向 ... 5
1.2.2 义务教育已经迈入全面提高质量的新阶段 ... 6
1.3 小学德育质量监测的价值取向 ... 7
1.3.1 优化教学诊断,为小学德育教学改进提高提供专业支持 ... 8
1.3.2 服务政府决策,为小学德育政策制定提供客观依据 ... 8
1.3.3 转变价值判断,引导公众树立正确的德育质量观 ... 9
1.4 小学德育质量监测的核心理念 ... 9
1.4.1 立德树人 ... 9
1.4.2 核心素养 ... 10
1.4.3 深度学习 ... 11
1.4.4 儿童立场 ... 11
1.5 小学德育质量监测的实践要素 ... 12
1.5.1 以公平为小学德育质量监测的基本价值取向 ... 12

        1.5.2 监测工具适合小学德育实际 ……………………………… 13
        1.5.3 监测内容聚焦学情 ……………………………………… 13
        1.5.4 监测结果强调积极反馈与政策导向 …………………… 14

第 2 章　小学德育质量监测框架的建构 ……………………………… 16
　　2.1 建构小学德育监测框架的思路 ……………………………… 16
        2.1.1 小学德育质量监测做什么 ……………………………… 17
        2.1.2 小学德育质量监测怎么做 ……………………………… 17
        2.1.3 小学德育质量监测谁来做 ……………………………… 19
　　2.2 建构小学德育质量监测框架的路径 ………………………… 19
        2.2.1 指标框架的构建原则 …………………………………… 19
        2.2.2 指标框架的构建过程 …………………………………… 20
        2.2.3 指标框架的主要内容 …………………………………… 20
        2.2.4 框架建构的主要依据 …………………………………… 22
        2.2.5 小学德育质量监测框架 ………………………………… 23
　　2.3 小学德育质量监测的主要内容 ……………………………… 23
        2.3.1 国家方案中的内容要求 ………………………………… 23
        2.3.2 区域监测中内容的变化 ………………………………… 24
　　2.4 小学德育关键因素监测框架的建构 ………………………… 25
        2.4.1 构建影响因素监测框架的重要意义 …………………… 25
        2.4.2 关键因素框架建构过程中的注意问题 ………………… 25

第 3 章　学科必备品格和关键能力 …………………………………… 30
　　3.1 学科必备品格 ………………………………………………… 30
        3.1.1 必备品格概述 …………………………………………… 30
        3.1.2 国内的研究成果 ………………………………………… 31
        3.1.3 学科必备品格要素分析 ………………………………… 33
        3.1.4 现阶段亟待解决的问题 ………………………………… 34
　　3.2 学科关键能力的厘定 ………………………………………… 36
        3.2.1 学科关键能力的因素分析 ……………………………… 36

3.2.2 学科关键能力的厘定 ………………………………………… 37
　　3.2.3 学科关键能力的内涵界定与模型建构 ………………………… 40
3.3 学科关键能力测评 ……………………………………………………… 43
　　3.3.1 学科行为动词的理解和把握 …………………………………… 43
　　3.3.2 学科关键能力测评维度 ………………………………………… 49

第4章　学科纸笔测试工具的设计 …………………………………………… 52
4.1 纸笔测试工具的种类 …………………………………………………… 52
4.2 纸笔测试工具的特点 …………………………………………………… 52
　　4.2.1 单项选择题 ……………………………………………………… 53
　　4.2.2 简答题 …………………………………………………………… 55
　　4.2.3 匹配题 …………………………………………………………… 56
4.3 试题背景材料的选择 …………………………………………………… 57
　　4.3.1 PISA题目情境特点及启示 ……………………………………… 57
　　4.3.2 情境设置要结构化 ……………………………………………… 58
　　4.3.3 学科试题背景材料的选择 ……………………………………… 58
4.4 试题科学性的理解 ……………………………………………………… 59
　　4.4.1 难　度 …………………………………………………………… 59
　　4.4.2 区分度 …………………………………………………………… 60
　　4.4.3 信　度 …………………………………………………………… 60
　　4.4.4 效　度 …………………………………………………………… 60
4.5 监测试题难度调控 ……………………………………………………… 61
　　4.5.1 试题难度预估的分析方法 ……………………………………… 61
　　4.5.2 试题难度的调控策略 …………………………………………… 62
4.6 简答题评价指标 ………………………………………………………… 64
　　4.6.1 简答题评价指标重构的源起 …………………………………… 64
　　4.6.2 简答题评价指标的构建 ………………………………………… 65
4.7 典型案例分析 …………………………………………………………… 70
　　4.7.1 学生学习掌握程度的评价 ……………………………………… 70
　　4.7.2 学生可能出现的水平状态 ……………………………………… 72

4.7.3 进一步的思考 ·· 75

第 5 章　学科表现性评价工具的设计 ······························· 77
5.1 表现性评价的理解 ·· 77
5.1.1 表现性评价的困境和魅力 ·· 77
5.1.2 表现性评价的关键要素 ·· 78
5.1.3 是否被界定为表现性评价的关键 ···································· 79
5.1.4 好的表现性评价的基本特征 ··· 79
5.1.5 表现性评价驱动深度学习 ·· 81
5.2 基于核心素养的表现性评价工具开发 ························· 86
5.2.1 明确关键能力的评价目标：要到达哪里 ························· 87
5.2.2 设置情境化的表现性任务：怎样到达那里 ····················· 88
5.2.3 制定可操作的评分规则：如何确定到达那里 ················· 88
5.3 表现性评价工具的种类和特点 ···································· 90
5.3.1 评价量表 ··· 90
5.3.2 档案袋评价 ··· 94
5.4 表现性评价在大规模考试中的运用 ······························· 95
5.4.1 基于表现性评价的评价改革国内外动向 ························· 95
5.4.2 大规模考试中实施表现性评价的挑战 ····························· 96
5.5 SOLO 分类法在学科作品评价中的应用 ······················ 96
5.5.1 基本过程 ··· 96
5.5.2 典型案例分析 ··· 98

第 6 章　学科问卷工具的设计 ··· 101
6.1 PISA 调查问卷设计的特点和发展趋势 ························ 101
6.1.1 PISA 调查问卷设计的特点 ·· 101
6.1.2 PISA 调查问卷设计的发展趋势 ···································· 102
6.2 问卷的作用 ··· 102
6.2.1 评估学生的学习质量和状况 ·· 103
6.2.2 收集影响教育质量相关因素的信息 ······························· 103

6.3 问卷的一般结构 ····································· 103
6.3.1 标　题 ··· 103
6.3.2 卷首语 ··· 104
6.3.3 指导语 ··· 104
6.3.3 问　题 ··· 107

6.4 问卷编制的程序 ····································· 113
6.4.1 明确中心概念，确定调查范围 ······················ 113
6.4.2 分解中心概念，构建问卷框架 ······················ 113
6.4.3 将大问题分解，设计具体的题项 ···················· 114
6.4.4 广泛征求意见，修订题目 ·························· 114
6.4.5 预先测试 ······································· 114
6.4.6 正式测试 ······································· 115

6.5 问卷中"问题"编排的原则 ····························· 115
6.5.1 基本准则 ······································· 115
6.5.2 其他原则 ······································· 115

第7章　监测工具的质量评价 ································· 117
7.1 监测工具的公平性问题 ································· 117
7.1.1 监测公平性期待下的测验工具要求 ···················· 117
7.1.2 教育测量专业视角下监测工具公平性的技术保障 ········ 119
7.1.3 监测工具公平性保证的具体举措 ······················ 122

7.2 监测工具质量分析中存在的问题及挑战 ·················· 125
7.2.1 统计学指标的滥用和不恰解读 ························ 125
7.2.2 难以整合各种理论的优势进行工具的分析 ·············· 126
7.2.3 效度的程式化验证，缺乏实际情境的考量 ·············· 127

7.3 把握监测工具分析的3个核心要素 ······················ 127
7.3.1 理解测量学指标和方法，形成结构良好的设计方案 ······ 127
7.3.2 综合运用测量理论，达到优劣互补的良好效果 ·········· 128
7.3.3 综合参考各个指标，考虑测验本身的特征和情境 ········ 129

7.4 SEC 定量分析和 Rasch 模型在监测工具评价中的应用 …………… 130
    7.4.1 SEC 分析方法 ………………………………………………… 130
    7.4.2 Rasch 模型 …………………………………………………… 131
7.5 整合 CTT 和 IRT 技术，提高监测工具的质量 ………………………… 132
    7.5.1 从试题个体和工具总体角度，综合考量工具质量 ………… 132
    7.5.2 综合检验试题的质量，提高工具的信度和效度 …………… 132

第8章 监测结果的解读和应用 …………………………………………… 134
8.1 监测报告反馈是重要的导向 …………………………………………… 134
    8.1.1 从反馈的形式上来看 ………………………………………… 135
    8.1.2 从反馈的重点上来看 ………………………………………… 135
    8.1.3 从反馈的效果上来看 ………………………………………… 136
8.2 监测结果及其他的数据解读 …………………………………………… 136
    8.2.1 监测结果的解读 ……………………………………………… 137
    8.2.2 影响因素的解读 ……………………………………………… 137
    8.2.3 学生群体的解读 ……………………………………………… 137
    8.2.4 品德要素的解读 ……………………………………………… 138
    8.2.5 品德发展的解读 ……………………………………………… 138
8.3 结果应用的瓶颈 ………………………………………………………… 138
    8.3.1 数据的解读 …………………………………………………… 138
    8.3.2 数据的公开 …………………………………………………… 139
8.4 结果应用的路径 ………………………………………………………… 139
    8.4.1 教育行政部门：监测结果应用的牵引 ……………………… 139
    8.4.2 学校：监测结果应用的基点 ………………………………… 141
    8.4.3 专业机构：监测结果应用的支撑 …………………………… 142
    8.4.4 督导部门：监测结果应用的监督保障 ……………………… 143
    8.4.5 坚持两个抓，确保结果应用落地 …………………………… 144
    8.4.6 遵循科学原则，做到三个统一 ……………………………… 145

8.5 进一步的思考和建议 ······ 146
8.5.1 道德与法治教师评价素养的现状透视 ······ 147
8.5.2 道德与法治教师评价素养的内容结构 ······ 148
8.5.3 学科教师评价素养发展建议 ······ 151

附 录 ······ 154
国务院教育督导委员会办公室关于印发《国家义务教育质量监测方案》的通知 ······ 154
教育部等六部门关于印发《义务教育质量评价指南》的通知 ······ 158

后 记 ······ 169

第 1 章
小学德育质量监测的定位

2010 年《国家中长期教育改革和发展规划纲要(2010—2020 年)》提出要在我国建立教育质量监测体系。到了 2013 年,教育部出台《关于推进中小学教育质量综合评价改革的意见》,再次强调在基础教育阶段建立教育质量评价体系,在中小学实施教育质量监测机制。2014 年,国家进一步扩大了教育质量监测的范围,在《深化教育督导改革转变教育管理方式的意见》中指出,要逐步建立健全各级各类学校的教育质量监测体系,开发相关监测指标。2021 年 3 月,教育部等 6 部门印发《义务教育质量评价指南》(以下简称《评价指南》)。《评价指南》中所蕴含的价值追求和设定的指标体系,充分体现了尊重规律、突出重点、破解难题、客观务实的特点,将为义务教育发展生态的全面优化奠定坚实基础。由此可见,基础教育质量监测是当前及未来我国开展教育改革的重要方向。

1.1 改革开放以来基础教育质量监测的发展历程

陈慧娟和辛涛通过梳理与基础教育质量监测与评价相关的机构设置、制度建设、监测评估内容与实施等,并结合考察重大政策的产生过程,认为改革开放至今,我国基础教育质量监测与评价体系的发展历程可以划分为以督导评估为依托的萌芽期(1978—2001)、开展教育质量监测的探索和试点期(2002—

2014)、监测与评价体系的建设和完善期(2015至今)三个阶段。①

1.1.1 以督导评估为依托的萌芽期(1978—2001)

改革开放后直到21世纪之初,基础教育质量监测与评价活动实质上以督导评估的方式开展。伴随着督导机构和督导评估制度的逐渐恢复,以推进"两基"(即基本普及九年义务教育和基本扫除青壮年文盲)的检查验收为工作主线,努力实现普及教育,推进素质教育,保障适龄儿童"有学上"。这一阶段,在督导评估的重建与发展中,教育质量监测的思想也开始萌芽。2001年9月,国家教育督导团下发《关于加强基础教育督导工作的意见》,规定"建立符合素质教育要求的督导评估机制,保障素质教育顺利实施",并提出,"在全国选择一部分不同发展水平的县(市、区),开展义务教育实施水平监测工作。各省(自治区、直辖市)也要开展此项监测工作,监测结果作为决策依据,必要时发表监测公报"。这是国家层面计划进行义务教育质量监测的信号,代表了国家基础教育质量监测进入探索阶段。

1.1.2 开展教育质量监测的探索和试点期(2002—2014)

为了贯彻落实《国务院关于基础教育改革与发展的决定》,2002年度全国教育督导工作会议上提出"国家教育督导团将建立义务教育监测制度",从而拉开了国家基础教育质量监测探索和试点的序幕。这一时期我国教育监测评估在依托督导评估实现监测评价功能的基础上,逐步实现了教育质量监测机构的设置,从而促进了监测内容全面性和实施规范性的转向,推动了教育督导中评估监测职能的明确。

随着基础教育质量监测探索和试点工作的逐渐深入,监测评估在教育督导体系中的重要功能也愈发得到体现。2012年,国务院成立国务院教育督导委员会,并审议通过《教育督导条例》,教育督导从体制机制和法律法规两方面取得了重要突破。2014年,国务院教育督导委员会办公室印发《深化教育督导改革转变教育管理方式的意见》,明确提出"形成督政、督学、评估监测三位一体的教

---

① 陈慧娟,辛涛. 我国基础教育质量监测与评价体系的演进与未来走向[J]. 华东师范大学学报(教育科学版),2021(4):42.

育督导体系"，自此，建立科学评价教育教学质量的评估监测体系成为教育督导的一项重要职能明确下来。

1.1.3 监测与评价体系的建设和完善期（2015至今）

2015年，国务院教育督导委员会印发《国家义务教育质量监测方案》（以下简称《方案》），决定从2015年起在全国开展义务教育质量监测工作。《方案》明确了监测工作以引导树立正确的教育质量观、纠正以升学率作为评价学校和学生的唯一标准为根本目的，确定了以语文、数学、科学、体育、艺术、德育6个学科领域以及影响学业水平的相关因素为主要监测内容，提出国家统筹指导、省级县级政府督导部门组织实施的基本程序，并对监测对象、周期、时间和样本等做出了具体规定。

《方案》的印发标志着我国义务教育质量监测制度正式建立。国家基础教育质量监测从目的、内容和方式上有别于传统的学业考试，它是以科学抽样为基础，利用标准化的监测工具、规范化的监测程序组织实施，并借助现代信息技术平台服务数字教育和基础教育课程改革的全新教育管理手段。通过义务教育质量监测的持续探索和实施，在机构设置、制度建设和实施程序上，国家基础教育质量监测与评价体系已有了基本雏形，进入体系建设和完善阶段。与此同时，随着义务教育均衡发展水平的逐渐提升，我国基础教育的推进重点进入到从外延转向内涵发展、从注重规模"有学上"到重视质量"上好学"的新阶段。尤其是到2017年，教育部印发了《县域义务教育优质均衡发展督导评估办法》，更体现出对于"有质量的公平"的诉求。在这一背景下，从国家到地方在建立健全国家基础教育质量监测与评价体系上做出了许多积极的努力和探索，在机构体系设置上，初步形成了从国家、省市到县区的工作体系。

监测制度的完善则更加深入地体现出从监测到改进的闭环推进。

首先是监测报告发布制度的逐渐落地。按照《方案》向社会公开发布国家监测报告的要求，2018年7月，首份《中国义务教育质量监测报告》正式发布，对学生德智体美和学校教育教学等状况进行呈现并提出相关建议。图1-1所示为四年级学生在中华优秀传统文化6个维度上的题目答对率，图1-2所示为四年级学生在法律素养3个维度上的题目答对率。2019年，首次分学科发布了"数学"和"体育与健康"的监测结果报告。报告的定期发布意味着我国基础教育质量监测从监测内容和工具研制到数据采集和组织实施,再到结果发布等环节的制度建设初步成型。

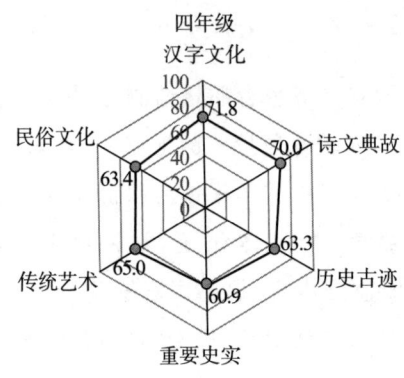

图1-1 四年级学生在中华优秀传统文化6个维度上的题目答对率(%)①

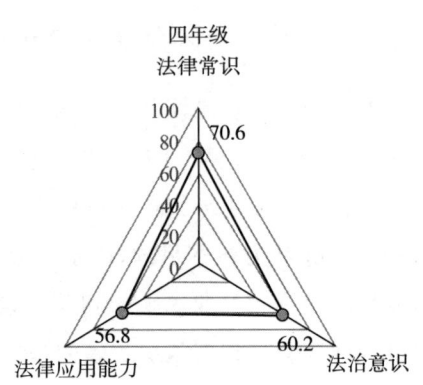

图1-2 四年级学生在法律素养3个维度上的题目答对率(%)②

其次是监测结果应用制度的建设。除了监测结果反馈的力度不断加强,2018年,覆盖30个省市(自治区)的35个县市区被确定为"国家义务教育质量监测结果应用实验区",以在实验区先行先试,积累经验,为全国提供范本。2019年,首次以国务院督导办的名义对各地政府办公厅印发关于监测结果的函件,实现政府和专业监测机构协同,在工作机制上初步形成了"监测—反馈—整改—提升"的闭环,监测开始走向结果应用。

1.2 《评价指南》的发布

2020年10月13日,中共中央、国务院印发的《深化新时代教育评价改革总体方案》,坚持把立德树人作为教育工作的根本任务,具体围绕"5个主体"改革,倡导"坚持科学有效,改进结果评价,强化过程评价,探索增值评价,健全综合评价,充分利用信息技术,提高教育评价的科学性、专业性、客观性"。新时代的中国基础教育已经迎来高质量发展的新阶段。从教育评价功能的视角看,质量评价从单兵作战走向系统突围,从单一强调分数的评价观转向"全面和谐的质量

---

①② 教育部基础教育质量监测中心.中国义务教育质量监测报告[R].2018:7

观"。积极关注整体的教育质量评价实践,借助教育督导和教育评估专业机构的力量整合,依托督政、督学和监测评估功能的赋能释放,有助于形成以学生发展、学校办学和政府履职、资源配置为主体评价内容的基础教育质量评价体系。

为认真落实全国教育大会和全国基础教育工作会议部署,积极推进义务教育评价改革,扭转唯分数、唯升学不良倾向,根据中共中央、国务院印发的《关于深化教育教学改革全面提高义务教育质量的意见》《深化新时代教育评价改革总体方案》精神,教育部、中央组织部、中央编办、国家发展改革委、财政部、人力资源社会保障部6部门研制了《义务教育质量评价指南》,2021年3月1日正式发布。专家认为,《评价指南》把学生实际发展的状况作为检验教育效果的核心标准,各层面的教育质量评价最终都体现在学生发展质量上。

1.2.1 《评价指南》为新时代的质量监测指明了方向

新时代教育评价体系是建设高质量教育体系的重要组成部分,是教育改革发展的"牛鼻子"和"指挥棒",事关教育改革发展方向。教育部等6部门出台《评价指南》,用84个具体评价指标将新时代义务教育高质量发展具象化,为我国义务教育的高质量发展,践行为党育人、为国育才使命,健全立德树人落实机制,培养德智体美劳全面发展的社会主义建设者和接班人提供了科学指南。

《评价指南》强调,义务教育质量评价指标体系包括县域、学校、学生3个层面,3者紧紧围绕贯彻党的教育方针,以促进学生全面发展为目标,各有侧重、相互衔接、内在统一,构成完整的义务教育质量评价体系。

县域义务教育质量评价主要包括价值导向、组织领导、教学条件、教师队伍、均衡发展5方面重点内容,旨在促进地方党委政府坚持社会主义办学方向,加强对义务教育工作的领导,履行举办义务教育职责,促进县域义务教育优质均衡发展。

学校办学质量评价主要包括办学方向、课程教学、教师发展、学校管理、学生发展5方面重点内容,旨在促进学校落实德智体美劳全面培养要求,深入实施素质教育,充分激发办学活力,不断提高办学水平和育人质量。

学生发展质量评价主要包括学生品德发展、学业发展、身心发展、审美素养、劳动与社会实践5方面重点内容,旨在促进学生德智体美劳全面发展,培养适应终身发展和社会发展需要的正确价值观、必备品格和关键能力。义务教阶段学生品德发展的关键指标和考查要点见表1-1。

《评价指南》不仅强调了教育的政治属性,回答了培养什么人、怎样培养人、为谁培养人的科学质量观(这是质量标准的方向性问题),而且架构了科学的质量评价整体框架,以基层生动的实践为基础,充分考虑了相关各方的关切,明确了质量评价的主体责任,找准了发力点、突破口,划出了评价的红线和底线,形成相互衔接、彼此协调的系统认知和责任体系,为整体推进评价改革提供了指引。《评价指南》的指标设计从考查教育教学管理过程出发,规制了各类行为,明确了倡导什么、反对什么,让政府、学校、教师有抓手,有可检验的标准。《评价指南》所蕴含的价值追求和设定的指标体系,充分体现了尊重规律、突出重点、破解难题、客观务实的特点,必将为义务教育发展生态的全面优化奠定坚实基础,让教育呈现美好发展样态的追求有了实现的可能性。

表1-1 义务教育阶段学生品德发展的关键指标和考查要点[①]

重点内容	关键指标	考查要点
品德发展	理想信念	了解党史史情,珍视国家荣誉,铸牢中华民族共同体意识,爱党爱国爱人民爱社会主义,立志听党话、跟党走,从小树立为实现中华民族伟大复兴的中国梦而努力奋斗的志向。 会唱国歌,积极参加升国旗仪式;积极参加重要节日、纪念日主题教育活动,积极参加少先队、共青团活动。 热爱并努力学习中华优秀传统文化、革命文化和社会主义先进文化,传承红色基因,增强"四个自信";积极向英雄模范和先进典型人物学习
	社会责任	养成规则意识,遵守校规校纪,遵守法律法规、社会公德和公共秩序。 爱护公共财物,保护公共环境,热爱大自然;节粮节水节电,低碳环保生活;积极参加集体活动,主动为班级、学校、同学及他人服务
	行为习惯	注重仪表、举止文明,诚实守信,知错就改,朴素节俭,不相互攀比。 孝敬父母,尊重师长、同学和他人,礼貌待人,与人和谐相处。 自己事情自己做,他人事情帮着做

1.2.2 义务教育已经迈入全面提高质量的新阶段

进入新时代,我国义务教育已经迈入全面提高质量的新阶段,迫切需要完

[①] 《义务教育质量评价指南》附件《义务教育质量评价指标》。

善义务教育质量监测体系,引导全社会树立科学教育质量观,全面贯彻党的教育方针,落实立德树人根本任务,为培养德智体美劳全面发展的建设者和接班人提供有力保障。作为小学德育重要组成部分的小学道德与法治学科尤其如此。时至今日,第八次基础教育课程改革(简称"新课改")走过 20 年。在这过程中,"小学德育"课程的名称也从"品德与生活""品德与社会"改为"道德与法治",可以说,取得了很多改革成就和有益经验,当然也面临一些困难和挑战。

一项面向教师的网络调查结果显示,74%的教师认同"合作、自主、探究"的课改理念,52%的教师以启发式教学为主,26%的教师以小组讨论教学为主,以讲授为主的教师仅为 22%。对于小学道德与法治教师来说,以下 4 个问题尤其值得我们思考:什么样的学习内容更有价值——"让学生学什么";什么样的学习目标更有意义——"学生应学会什么";什么样的学习方式更有利于学习目标的实现——"怎么学";什么样的方式能更好地检验学习效果——"怎么评"。

1.3 小学德育质量监测的价值取向[①]

对待小学德育测评的态度,常见的有两种情况:否定测评与滥用测评。否定小学德育测评的主要依据是意识形态方面的一些观点和传统的德育难以测评顾虑。滥用小学德育测评的主要表现有 3 种:一是缺乏教育评价理论指导的,凭借经验命题;二是不恰当地解读德育测评结果;三是故意夸大德育测评的作用。因此,在小学阶段,开展区域德育质量监测的研究和实践面临巨大的挑战。现代教育评价理念的广泛应用充分说明,大规模教育质量监测的目的不是甄别学习者成绩的优劣,而是尊重其个体差异,帮助学生发掘与改善各项能力,促使每一个孩子都有进步。小学阶段,德育质量监测也是如此:从技术层面上,力求通过监测准确把握德育质量的现状,科学分析小学阶段德育发展中存在的问题,为探索科学育人的规律提供依据,为小学德育的健康发展做贡献。对于学校、教育行政部门和社会而言,小学德育质量监测有非常重要的实践价值,主要表现为以下 3 个方面。

---

① 高本光. 区域小学德育质量监测的价值及实践要素探析[J]. 福建教育,2017(12):44-45.

1.3.1 优化教学诊断,为小学德育教学改进提高提供专业支持

2016年印发的《福建省义务教育质量监测实施方案》指出监测目的是客观反映学生学习质量和身心健康的状况,探究影响学生发展的相关因素,为转变政府教育管理方式、改进学校教育教学提供依据和参考,引导社会树立正确的教育质量观。2020年印发的《新时代福建省义务教育质量监测实施方案》也强调"全面把握我省义务教育质量状况,客观反映学生全面素质水平和身心健康状况,探究影响学生发展的相关因素,综合评价县域教育质量"。

推进小学德育质量监测有利于全面把握和了解小学阶段德育发展的真实情况,对过去的小学德育教学状况做出总结;有利于形成动态监测,探究相关影响因素,既剖析已有的成果基础又发现存在的问题,从宏观层面把握小学德育教学发展的动态以及区域内、城乡间和校际的差异。通过小学德育质量监测结果的发布与反馈,不仅可以明确不同学校德育工作的特色和不足,规范任课教师的教学行为,澄清小学生在具体的情感态度价值观、能力与方法、知识等方面的优势与不足,还可以找到影响小学德育教育教学质量的相关因素,提供关于改进小学德育教与学的指导性意见。

1.3.2 服务政府决策,为小学德育政策制定提供客观依据

各地都有特定的教育现实和需求,需要选择最佳的德育模式,追求最高的德育发展目标,形成各自的德育特色。而在完成义务教育培养目标并形成德育特色的过程中,往往会有许多的困惑和选择,这就需要立足于德育质量监测来引领小学德育发展方向,对小学德育质量进行跟踪、监测、反馈,甚至进行干预,分析诸多影响因素,规范各地德育教育行为。

小学德育质量监测主要是以《义务教育品德与生活课程标准(2011年版)》《义务教育品德与社会课程标准(2011年版)》《青少年法治教育大纲》《中小学德育工作指南》《评价指南》等的达成状况为核心,全面分析了解小学德育学科教学质量状况和学生身心发展情况,分析影响小学德育教学质量和学生成长的相关因素。因此,通过科学监测而形成的小学德育质量监测报告,能够较为客观地评估诊断德育质量状况,发现存在的问题,并及时据此提出改进意见,为小学德育决策和教学研究提供依据,服务区域内学校发展需要。

1.3.3 转变价值判断，引导公众树立正确的德育质量观

长期以来，小学阶段教育不仅存在重视语数英、忽视德育等其他学科的现象，还存在以分数对学生进行排名排序，追求高分数现象。针对教育质量存在的认识误区，小学德育质量监测旨在通过监测的实施，逐步转变对教育质量认识的偏差，转变学校和教师的价值判断。监测数据及结果的发布，不是只有学业成绩的现状，还有家庭、教师和学校等诸多因素的价值判断。这样，不仅有利于德育测评从经验型逐步向以数据为支持的科学型评价转型，促进德育教育从关注学业成绩转向关注全面发展，还有助于引导社会形成正确的德育质量观，为小学德育教学改革营造良好的氛围。

正像语文、数学和英语学科一样，家长有权了解当地学校德育质量的基本情况，各地教育行政部门有责任为社区公众提供学校德育质量的权威信息。通过以科学的质量监测及分析研究为基础的德育质量监测报告制度，向本区域公布常态化、权威性的德育质量监测报告，可以保障社区公众对德育质量的知情权，可以有效地引导社会树立正确的德育质量观，进而改变家长和教师的错误教育质量观。

1.4 小学德育质量监测的核心理念

1.4.1 立德树人

党的十八大以来，以习近平同志为核心的党中央，始终把立德树人作为教育的根本任务，是具有鲜明时代特征的。贯彻立德树人的基本理念，不是当下义务教育质量监测的权宜之计，而是由教育的内在规律决定的，它是人才培养的应有之义。从本质上讲，教育就是一种道德实践，道德目的总是内嵌于教育本身。没有离开教育的德育，也没有离开德育的教育。"立德树人"体现了"立德"和"树人"的辩证统一，也就是要明确：树人之道，立德为先；立德的目的是树人。立德树人，就是指教育事业不仅要注重传授知识、培养能力，还要把社会主义核心价值观融入国民教育之中，引导学生树立正确的世界观、人生观、价值观和荣辱观。

小学德育质量监测体现立德树人的立意,并认真回答监测"为什么测""测什么""怎么测"等关键性命题,具体可以归纳为两个方面:一是以弘扬社会主义核心价值观为基本点。因为立德树人的核心就是坚持社会主义核心价值观,在教育工作中落实立德树人根本任务,最基本的就是要践行社会主义核心价值观。正是监测承载的使命,其试题的命制不仅要考查学生的知识和能力,还要把立德树人的理念尤其是社会主义核心价值观融入考试内容。二是将立德树人贯穿监测命题的全过程。在监测命题中贯彻立德树人,就要有全局观,将立德树人理念渗透到与命题相关的每一个工作流程,尤其是以下3个环节:德育监测框架的建构、试题的命制和评分标准的把控。因为作为个体道德心理的道德认知、道德情感、道德行为3个主要方面,存在这样的关系:一个人只有具备深刻的道德认知,才能产生强烈的道德情感和自觉呈现相应的道德行为。以纸笔测试为主的监测虽然无法对考生的道德行为直接进行考查,但如果测试题目和调查问卷设计得好,是完全可以比较全面、客观地考查学生的道德认知与道德情感水平的。

1.4.2 核心素养

我国学生发展核心素养以培养"全面发展的人"为核心,分为文化基础、自主发展、社会参与3个方面,综合表现为人文底蕴、科学精神、学会学习、健康生活、责任担当、实践创新6大素养,具体细化为国家认同等18个基本要点。我国学生发展核心素养,主要指学生应具备的能够适应终身发展和社会发展需要的正确价值观、必备品格和关键能力。研究学生发展核心素养是落实立德树人根本任务的一项重要举措,也是适应世界教育改革发展趋势、提升中国教育国际竞争力的迫切需要。

从根本上讲,核心素养是党的教育方针的具体化和细化,是对培养目标的整体描述,是连接宏观教育理念、培养目标与具体教育教学实践的中间环节。党的教育方针通过核心素养这一桥梁,可以转化为教育教学实践可用的、教育工作者易于理解的具体要求,明确学生应具备的必备品格和关键能力,从中观层面深入回答"立什么德、树什么人"的根本问题,引领课程改革和育人模式变革。成尚荣认为,核心素养是世界教育改革与发展的共同主题,不是某些人的"心血来潮",更不是"玩新概念"。听从核心素养的召唤,认真学习和落实,才是我们的应有态度和行动。[①]

1.4.3 深度学习

刘月霞和郭华认为,深度学习,就是指在教师引领下,学生围绕着具有挑战性的学习主题,全身心积极参与、体验成功、获得发展的有意义的学习过程。在这个过程中,学生掌握学科的核心知识,理解学习的过程,把握学科的本质及思想方法,形成积极的内在学习动机、高级的社会性情感、积极的态度、正确的价值观,成为既具独立性、批判性、创造性又有合作精神、基础扎实的优秀的学习者,成为未来社会历史实践的主人。[②]

关于深度学习,可以从两个层面来理解:一个是初级层面,是针对教学实践领域的弊端提出来的,是针砭时弊的一种提法。深度学习是针对实践中存在大量的机械学习、死记硬背、知其然而不知其所以然的浅层学习现象而提出的。这里的"深度"是指学生的深度学习。我们并不强求教师必须采用某种固定的模式或方法,而是强调教师要用恰当的方法去引发、促进、提升学生的深度学习。在这个意义上,深度学习是浅层学习的反面。但从高级层面来看,深度学习并不只是为了促进学生的高级认知和高阶思维,而是指向立德树人,指向发展核心素养,指向培养全面发展的人。因此,深度学习强调动心用情,强调与人的价值观培养联系在一起。深度学习的提出,绝不是又多了一种新的教学方式或教学模式,而是鼓励学科教师深入探讨教学规律,研究学生的学习规律,从而真正地去帮助和鼓励学生的学习与成长。深度学习的目的指向具体的、社会的人的全面发展,是形成学生核心素养的基本途径。

1.4.4 儿童立场

儿童时期是人生的关键时期。儿童在本质上是一种"可能性",这种"可能性"就是生成性、可塑性和创造性。我们的教育是为了儿童,教育是依靠儿童来展开和进行的。因此,儿童的发展是现代教育的核心价值,教育应该从儿童出

---

① 成尚荣.核心素养的中国表达[M].上海:华东师范大学出版社,2018:1.
② 刘月霞,郭华.深度学习:走向核心素养(理论普及读本)[M].北京:教育科学出版社,2018:32.

发,儿童立场应该是现代教育的立场。教育的大智慧是认识和发现儿童。儿童研究是大学问、真学问,是教师发展的"专业",其主题是重新认识和发现儿童。这也是小学德育教学与评价的重要话题。

我们常说,童心是儿童发展的密码,当然,也应该是教育的密码。儿童立场上的教师是"长大的儿童"。"长大的儿童"是对教师在儿童立场上角色、作用最形象、最生动、最准确的定位。儿童和成人是两个不同的世界,常常发生冲突,这是一个不争的事实。现实生活中,以为了儿童名义的成人立场导致教育的功利主义,从而也导致教育的分数至上,最终是儿童立场异化为成人立场,最后只剩下成人立场。

1.5 小学德育质量监测的实践要素[①]

进入新时代,我国义务教育已经迈入全面提高质量的新阶段,迫切需要完善义务教育质量评价体系,引导全社会树立科学教育质量观。因此,质量监测成为提升学科教学质量的重要抓手。

1.5.1 以公平为小学德育质量监测的基本价值取向

随着义务教育的普及,教育公平已经受到越来越广泛的关注。如何理解教育公平的内涵?专家认为可以从以下3个方面入手:一是个人角度,确保人人都享有平等的受教育的权利和义务;二是政府角度,提供相对平等的受教育的机会和条件;三是社会角度,教育的成功机会和教育效果的相对均等。公平性在教育质量监测和评价领域从来就是一个无法回避的根本性问题。将教育公平理论应用于小学德育质量监测,主要是指监测既要关注小学生的学业水平,还要聚焦区域内的德育发展均衡状况及其影响因素,以实现区域德育的资源共享和协调发展。及时发现学习困难的学生和学习困难学生集中的学校,并分析成因,改进工作,保证没有学生在义务教育阶段掉队,这是小学德育质量监测的重要任务之一。

---

① 高本光. 区域小学德育质量监测的价值及实践要素探析[J]. 福建教育,2017(52):45-46.

我国许多地方的小学德育测评存在简单地引用中考甚至高考选拔理念和方法,对小学生进行单一的分数排队,以此作为甄别和选优罚劣的依据,甚至与学科教师和学校的利益直接挂钩,演变成高利害的考试。这种单一的评价指标,对目前存在差异的不同区域学生、教师和学校是不公平的。因此,在小学德育质量监测的实际运行中,既要防止过分关注监测技术的完善和监测的客观性,也要防止过分关注监测的工具价值,而忽视了其内在价值。在解决怎么监测的同时,需要研究监测什么以及为什么监测等基础性问题,在指导思想和价值取向的选择上应以推进教育公平为导向。

1.5.2 监测工具适合小学德育实际

目前,从国外直接翻译过来的德育测评题目和量表非常多,这对于提高我国德育测评工作的水平是很有借鉴意义的。但是,这些直接翻译的测评题目和量表所造成的混乱以及对学校德育工作所带来的负面影响也是不可低估的,尤其是许多没有经过中国化处理的德育测评题目和量表,其负面影响更大。直接翻译的德育测评题目和量表不仅忽视中西文化差异,还缺少中国常模,再加上这些题目和量表所设计的问题针对的完全是国外儿童的成长环境,与中国儿童的成长环境有着极大的差别。

不重视中西文化差异,照抄照搬国外的德育测评题目和量表,势必会因国情不合而导致误判,得出不符合我国学生实际的结论,甚至误导行政决策和教学改进。目前看到的直接翻译过来的德育测评题目和量表,其常模和中国化程度通常是存在问题的,往往没有很好的全国性样本常模,更不用说区域性样本常模。因此,编写德育测评题目可以参考国外相关题目的内容结构进行题目编写工作,但必须注意根据区域德育质量监测框架,做到从零开始,严格做好筛查工作。这里的筛查必须经过以下4个步骤:先导试测、现场试测和标准化施测,以及在此基础上实施相应的测量学数据分析以鉴别题目的测量学水准。而设计德育测评量表,需要大量收集相关量表的效度证据,反复校验量表常模的质量,提供符合中国需求的报告,最好是符合区域性需求的报告。

1.5.3 监测内容聚焦学情

国际学生评估项目(Programme for International Student Assessment,

PISA)的案例告诉我们,质量监测内容目标的定位会直接影响监测实施的结果。PISA 的监测评价内容、对象和监测目的明显不同于一般的学业监测。在技术上,小学德育质量监测一般采用概率抽样的方式,这就保证了各种水平的学生都有代表被抽到参与监测,监测结果能够反映本区域学生的质量情况。学生的道德发展水平受多方面因素影响,小学德育质量监测的内容不能只关注学业成果,而应该同时聚焦学业成果与学情。这里的"学情"就是小学生在学习阶段的校内外学习成长的全部情况,比如课程开设、条件保障、教师配备、学科教学以及学校管理等,而不仅仅是学科成绩或课业学习情况。因此,小学德育质量监测一定要立足儿童成长实际,遵循德育发展规律,开发科学的德育监测工具,用好监测结果,不与一般的学业水平考试混淆,否则就会走样,甚至变味,增加学生负担,影响学科的健康发展。

1.5.4 监测结果强调积极反馈与政策导向

以分数来衡量结果的传统考试,难以关照教与学的具体过程,只能得出"谁考得好、谁考得不好"的结论,而无法揭示出"考得好"与"考得不好"的原因,如此考试对小学德育的教学改进和发展的衍生价值较低。借助区域德育质量监测的手段,把考试和影响学生学业的背景因素调查紧密地结合起来,把着眼点从单纯看分数拉回到分析分数背后的因素上来,用具体的数据戒除模糊,揭示出影响学业水平发展的相关因素。这些因素包括课程开设、条件保障、教师配备、学科教学以及学校管理等,这样明显比传统考试的发现更加具体、更加深入。

小学德育质量监测不仅仅在于监测数据的采集,更为关键的是发现德育教学中存在的问题,并寻找解决问题的途径和办法。通过诊断式的监测,具体明确地把握小学德育存在的不足,为科学决策服务,最大限度地发挥考试的诊断功能和修正功能。当然还可以根据工作的需要,进行"量身打造",对相关影响因素做专门的调查研究。总之,监测是平台,分析是途径,改进是目标。小学德育质量监测旨在让德育内容回归儿童生活,德育方式、途径贴近儿童的心灵,促进区域内小学德育教育回归本真。当然,小学德育监测结果,如果与学校绩效评估挂钩,在实际运行中很可能会强化学校"应试"的倾向,并进一步扩大学校之间的差距,从而扭曲义务教育阶段小学德育质量监测的最初目标。

参考文献

[1] 陈慧娟,辛涛.我国基础教育质量监测与评价体系的演进与未来走向[J].华东师范大学学报(教育科学版),2021(4):42-52.

[2] 高本光.区域小学德育质量监测的价值及实践要素探析[J].福建教育,2017(12):44-46.

[3] 成尚荣.核心素养的中国表达[M].上海:华东师范大学出版社,2018.

[4] 刘月霞,郭华.深度学习:走向核心素养(理论普及读本)[M].北京:教育科学出版社,2018.

[5] 教育部基础教育质量监测中心.中国义务教育质量监测报告[R].2018.

第 2 章
小学德育质量监测框架的建构

习近平总书记在全国教育大会上强调,要"扭转不科学的教育评价导向,坚决克服唯分数、唯升学、唯文凭、唯论文、唯帽子的顽瘴痼疾,从根本上解决教育评价指挥棒问题"。义务教育质量评价是教育评价改革的重要内容。2021年3月,教育部等6部门出台实施《义务教育质量评价指南》,是贯彻中央决策部署的重要举措,是全面发展素质教育的迫切需要,也是深化教育评价改革的内在要求。为了全面贯彻党的教育方针,落实立德树人根本任务,围绕"培养什么人、怎样培养人、为谁培养人"这一根本问题,立足于小学道德与法治学科课堂教学,努力构建小学德育质量监测框架,是一件很有挑战性的事情。

2.1 建构小学德育监测框架的思路

小学德育是教育者按照一定的社会要求,有目的、有计划地对受教育者施加系统的影响,把一定社会的思想观点、政治准则转化为个体思想品质的教育。小学德育是实现小学阶段全面发展教育目的的保证,起着灵魂和指导的作用。它一方面可以从思想上和政治上保证育人的方向,使学生沿着社会所期望的方向发展;另一方面又给其他方面提供动力和能源,推动学生智、体、美、劳等方面的发展,促进全面发展教育目的的实现。小学道德与法治是学校思政课的重要课程,自然也是属于小学德育的范畴。

根据国内外已经开展教育质量监测的相关国家、地区和国际组织的既有实践和经验,结合质量管理理论可以发现,建构小学德育监测框架无一例外是一项综合的、长期的、多领域的系统化工程。如何建构小学德育质量监测框架? 从方法论的角度看,不仅要厘清小学德育质量监测做什么,还要解决怎么做的问题,即采取怎样的路径来建构,以及思考谁来做的问题,这涉及结构设置等保障机制。

2.1.1 小学德育质量监测做什么

在科学教育质量观、教育公平以及教育均衡的指导下,应根据党的教育方针,建构动态的小学德育质量监测框架,实现结果性监测内容和过程性监测内容相结合,注重发挥监测与评价的发展性功能,以监测引领学校德育的发展和质量提升。

在监测方法上,问卷调查、纸笔测试、个别访谈、行为记录、文献分析等都可以作为监测的方法。

在监测内容上,既包括学业状况,也包括学习态度和能力、价值观等。监测的内容可以大致分为过程性内容和结果性内容。

在监测安排上,不增加考试,不增加负担,努力做到与平时教学工作相结合,使样本学校、学科教师以及学生等以平常心对待监测,确保监测数据的真实客观。

在监测对象上,为保证监测结果的代表性和数据的准确性,可以根据人口总量、经济发展水平和教育发展状况等因素,在保证设区市抽样代表性的前提下,各设区市抽取至少一半的样本县(市、区);根据地理位置、城乡分布、学校类型等因素,采用按规模大小成比例的概率抽样(probability proportionate to size sampling,PPS)方法抽取样本校;在样本校内采用随机抽样方法抽取样本学生。具体在四年级学生中抽样为好。

在监测完成后,将更加关注不同质量状况的因素,以动态变化的数据分析存在的问题,进行针对性反馈,并通过教育质量诊断提出针对性的指导意见和建议。

2.1.2 小学德育质量监测怎么做

汪琪认为,目前国际上教育质量监测的实践大体可分为4种:①完全独立开发监测工具并实施监测;②基于原有监测工具实施周期性监测;③借鉴并修正他者先进监测工具实施监测;④完全使用他者的成熟监测工具实施监测。①小学德育质量监测作为具有浓厚本土特色的监测工作,既要借鉴并修正PISA、国际数学与科学趋势研究项目(Trends in International Mathematics and Science Study,TIMSS)等监测工具实施监测,又要结合德育学科特点,独立开发监测工具,以便更具有针对性地了解学校德育教育状况并做出反馈和干预。

小学德育质量监测的运作既要有清晰的实践思路,又要有一套规范的具体操作过程。小学德育质量监测的具体操作过程,大致可以分为形成方案、研发工具、数据采集、数据处理、结果反馈和教学指导6个步骤。

(1)形成方案。为了保证小学德育质量监测高效和有序进行,根据小学德育工作的要求和预先设定,形成小学德育质量监测的具体实施方案,明确监测的目的和意义,说明小学德育监测工作总体要求和监测任务的安排,确立监测内容、对象和时间,全面落实各项准备工作。

(2)研发工具。根据工作安排,组织学科专家团队,以2011年版学科课程标准、《青少年法治教育大纲》、《评价指南》和国家对小学德育工作的政策等要求,研发小学德育质量监测实施细则,研发相关监测工具、指标体系和调查问卷,编制信度和效度较高的试卷,并逐步建立质量监测的数据库。

(3)数据采集。这是一个极其关键的步骤,可以划分为4个环节:一是根据监测需要,收集一定区域内教育事业发展的基础性数据,如学生数、教师数、师生比例和教育投入等;二是采用分层抽样的方式进行样本选择;三是为了保证施测的规范性,对选派的巡视员、主监、副主监、工作人员等进行操作程序和操作方法培训;四是根据监测安排,进行现场施测,注重程序的规范性、数据的真实性以及监测工具的保密性。

(4)数据处理。在监测的基础上,由专业人员对所收集的数据进行数据录入与审核清理、数据链接与关联分析以及数据分析与挖掘等,尤其是小学德育更需要进行比较分析,才能得出相应的监测结论。

(5)结果反馈。根据监测结果以及相关材料,形成区域小学德育教育质量监测结果报告,广泛征求相关专家对初步形成的监测报告的意见,向当地教育

---

① 汪琪.区域教育质量监测体系研究[M].杭州:浙江大学出版社,2015:62.

主管部门汇报结果,并向社会媒体等公布相关监测结果,进行不同层次的监测结果反馈。

(6)教学指导。实施小学德育质量监测的根本目的,在于促进一定区域内小学德育教育教学状况改善和质量提高。如何将所形成的监测报告应用于实践,指导和改进教学工作,是监测流程中不可或缺的一环。

2.1.3 小学德育质量监测谁来做

当前,各国进行教育质量的机构设置模式主要有3种:一是一些发达国家成立一批操作规范的教育评估监测机构,独立于教育行政部门的专职机构或专门委员会,直接向政府报告;二是由政府机构依托国内权威的大学或研究机构开展教育质量监测,以项目的形式委托大学或研究机构进行;三是由教育行政机构的相关职能部门负责实施,设立专门的监测部门开展监测工作,直接接受教育部门领导。

根据我国政府的教育行政体制和教育质量监测行业的发展水平,小学德育质量监测采取第三种组织机构较为合适,也就是教育行政部门统筹教育督导室、教研部门和中小学校等各方资源,组织专业力量设置省级教育质量监测机构,负责对本地教育质量进行监测,开展具体的监测实施、数据处理、报告撰写、结果发布、策略建议等,为监测的具体运作提供充分保障。

2.2 建构小学德育质量监测框架的路径

从义务教育质量监测的技术层面,力求通过监测准确把握小学德育教育教学质量的现状,科学分析小学德育教育教学发展中存在的问题,为在小学阶段探索立德树人的规律提供数据支撑。因此,需要在以下几方面进行探索。

2.2.1 指标框架的构建原则

相关因素监测是学生自身全面发展的要求,同时也是当下各项教育政策、理论和实践的要求。基于此,我们确立了相关因素指标框架编制的基本原则:坚持目标导向,推动全面落实素质教育;坚持政策导向,推进全面贯彻教育方针;坚持问题导向,聚焦学科教学重点难点问题。

2.2.2 指标框架的构建过程

监测中心在指标框架的构建过程中,始终坚持专家引领、科学规范和本土实践相结合,建立起一套科学规范的编制流程。

一是依托专家引领,对标国家标准。为确保指标框架的构建既具备科学性和系统性,又能反映一线教育教学的实际情况,为教育行政部门决策服务,成立了相关因素监测德育专家指导组,合作推进相关因素监测工作。专家组在监测中确立了符合科学规范、国家标准和实际情况的框架编制方案,并在实践中不断完善。同时,聘请德育专家队伍,为指标研制提供专业人才保障。

二是坚持科学规范,严格编制流程。我们依据科学缜密的流程,结合教育学、心理测量学等相关领域的理论,对学生身心发展以及学业成就影响因素模型开展深入探究。同时,借鉴国际国内大规模测评项目的经验,重点把握指标框架整体架构、每级指标的核心要素、各级指标及其之间的逻辑关系,以全面和科学为原则搭建初始框架。在此基础上,聘请德育专家以及教育部门行政领导,通过数轮深入研讨,收集指标修订的意见和建议,形成具有较强的科学性和现实意义的指标框架。

三是立足本土实践,凸显区域特色。深入研究学情,立足本地教育的实际和需求开展指标框架的编制。例如,针对外来人口子女比例上升的情况,连续多年将学生流动等情况纳入指标。考虑到各区市和学校差异、学生的家庭社会经济地位不同的现状,将区市和学校、父母的受教育程度及工作情况等纳入指标,这为后期对不同区市、学校、群体的情况进行针对性分析、提出改进对策奠定了基础。采用"基础监测、追踪监测、周期监测"相结合的方式,从历年监测以及实证研究积累的大量数据中,提炼出与学业成绩密切相关或变动明显的因素进行每年追踪测查,对部分指标则采用隔年测查的方式。同时,我们利用矩阵取样设计的方式,提升框架的全面性和简洁性。

2.2.3 指标框架的主要内容

小学德育质量监测项目的学生相关因素框架包含成长背景、身心健康、学习品质、学业负担和学业支持5个一级指标。[①]

第一，剖析成长背景，助力教育优质均衡。成长背景是对个体在其中生活并影响其发展的各种条件的总称，它与青少年的发展紧密相关。成长背景的调查主要用于分析不同区域、群体学生的优势和问题，对薄弱群体给予关注，为后期分析原因、研究对策、优化教育资源配置提供依据。

第二，关注身心健康，促进学生健康成长。身心健康既是学生学业发展的影响因素，也是教育质量的重要表现，构成了学生成长和发展的前提。青春期是身心急速发展的阶段，也是人格发展的关键时期，监测和关注他们的身心动态，可帮助学校守护学生健康成长。身心健康包括身体和心理健康。在身体健康方面，我们选取了睡眠和视力状况，调查学生的睡眠时间和近视率是否符合相关标准。心理健康包括自我意识和情绪状态两个部分，自我意识主要测查构成学生人格核心的自尊和自信；情绪状态则包括主观幸福感（正向）、焦虑和抑郁（负向）等。

第三，聚焦学习品质，揭示高效学习规律。学习品质是反映个体以多种方式进行学习的态度、习惯、风格等，是个体学习与发展必备的素质。我们将学习品质的测评与学科监测相匹配，用于分析影响学生各学科学业水平的学习方法、学习习惯和学习兴趣等，用数据揭示学习品质对学业的作用机制，推广有利于提升学业质量的经验。

第四，评估学业负担，推动学生减负增效。学业负担是当下教育的热点话题，过重的学业负担对学生的身心健康和学业发展都可能产生不利影响。考虑到学生对负担和压力的感受或承受力不同，我们从客观和主观两个方面进行测评，便于进一步探究负担来源，针对性地为学生减负增效。

第五，关注学业支持，提升课堂教学质量。小学道德与法治教学质量的提高，不仅需要一批优秀的学科教师队伍和充分的课时保证，还需要学校领导的关心和家长的支持，以及优秀的教研队伍专业引领。全方位地了解目前的学业支持环境是很有必要的。

[①] 羊子轶.加强相关因素监测 推动学生全面发展——江苏省苏州市学业质量监测学生相关因素指标框架的构建与思考[J].江苏教育,2020(42):15.

2.2.4 框架建构的主要依据

2.2.4.1 国家德育相关政策文件

自 1979 年以来国家发布的德育相关政策文件,尤其是十八大以来的政策文件是监测框架建构的重要依据。据统计,国家层面发布的德育工作相关的政策文件有 48 个,法治教育的相关文件 6 个,中华优秀传统文化相关的文件 4 个,安全教育相关的政策文件 9 个,礼仪教育、诚信教育等主题的政策文件 5 个。

中国共产党第十九次全国代表大会深刻分析了我国社会发展新的历史定位,提出了习近平新时代中国特色社会主义思想,科学分析了中国未来发展的阶段任务和未来发展目标。党的十九大报告提出的许多内容,都是监测框架确定内容选择和确定时的重要依据。

近年来,为落实立德树人根本任务,有关部门先后发布了若干对思想政治教育有重要影响的文件,分别聚焦培育和践行社会主义核心价值观、传承和弘扬中华优秀传统文化、法治教育以及德育工作开展等方面,从不同维度为德育监测框架的建构提供了参考。主要文件有:2013 年 12 月,中共中央办公厅印发《关于培育和践行社会主义核心价值观的意见》;2016 年 7 月,教育部、司法部、全国普法办联合印发《青少年法治教育大纲》;2017 年 1 月,中共中央办公厅、国务院办公厅印发《关于实施中华优秀传统文化传承发展工程的意见》;2017 年 8 月,教育部发布《中小学德育工作指南》;2021 年 3 月教育部等 6 部门印发《义务教育质量评价指南》。

2.2.4.2 《义务教育品德与生活课程标准(2011 年版)》和《义务教育品德与社会课程标准(2011 年版)》

这两份 2011 年课程标准虽然已经发布 10 年之久,而且目前正处于新的道德与法治课程标准即将发布的前夕。但它不仅是统编版小学《道德与法治》教材编写的依据,而且还是学科教学和评价的重要依据。它的权威性和系统性,是不可替代的,是研究、教学和开展监测评价的依据。

2.2.4.3 统编版小学《道德与法治》教材

2019 年秋季,统编版小学《道德与法治》教材的全面使用,既对提升学科课堂教学质量发挥重要作用,也为各地开展评价和监测提供依据。这是一套由教育部组织全国优秀专家队伍编写的教材,教材突出德法兼修,强化实践体验,全面落实社会主义核心价值观教育,其权威性是不容置疑的。

2.2.5 小学德育质量监测框架

学生德育状况监测指标框架的确定原则主要是:学生发展基础品质,政策关注的问题,社会热点问题和现实突出问题。根据福建省人民政府教育督导办公室发布的《福建省义务教育质量监测(2019)·道德与法治学科质量监测结果报告》整理,小学四年级道德与法治监测指标见表2-1。[①]

表2-1 四年级道德与法治监测指标

监测内容	一级指标	二级指标
道德与法治学科学习质量	内容	人生观价值观、国情常识、中华优秀传统文化、法律素养、安全教育、行为规范、劳动素养
	能力	识记、理解、应用
教育教学状况	学生状况	对道德与法治学科喜欢程度、对道德与法治教师喜欢程度、行为习惯等
	教师状况	学历、培训状况等
	学校状况	学校教学资源、师资状况等

2.3 小学德育质量监测的主要内容

2.3.1 国家方案中的内容要求

2015年5月国务院教育督导委员会办公室公布的《国家义务教育质量监测方案》,对小学德育的监测内容从4个方面进行了具体描述,也就是:"重点测查学生对社会主义核心价值观以及中华优秀传统文化的理解,日常生活中道德行为规范的掌握,基本国情、地理和历史常识、安全和法律常识等的了解,与他人、

---

① 福建省人民政府教育督导办公室.福建省义务教育质量监测(2019)·道德与法治学科质量监测结果报告[R].2020:2.

与社会、与自然关系的认识"。这个方案的监测内容既没有划分小学和初中阶段,也没有明确学科内容,不够清晰和具体,但对一线教师理解监测内容和指导教学工作还是很有意义的。

据了解,新版的国家义务教育质量监测方案还在研制中,公布时肯定发现会有许多变化,对内容的描述将会更加清晰而具体。

根据2018年7月教育部基础教育质量监测中心发布的《中国义务教育质量监测报告》,结合对统编版小学《道德与法治》教材的理解,整理得出小学道德与法治学科监测内容指标主要是表2-2所列的相关内容。①

表2-2 小学道德与法治学科监测内容主要指标

序号	一级指标	二级指标
1	人生观价值观	国家认同、职业理想、成功原因和学习价值
2	中华优秀传统文化	汉字文化、诗文典故、历史古迹、重要史实、传统艺术和民俗文化
3	法律素养	法律常识、法治意识、法律应用能力
4	行为规范	勤劳节约、诚实守信、团结友善、遵守公德
5	劳动素养	劳动常识、劳动意识、劳动技能
6	安全教育	安全意识、安全常识

2.3.2 区域监测中内容的变化

笔者发现,2016年前后许多地方的区域质量监测方案对小学德育的监测内容上的描述,与《国家义务教育质量监测方案》基本上一致,甚至只有顺序上的调整,处于模仿或照搬状态。

伴随着中共中央、国务院印发《关于深化教育教学改革 全面提高义务教育质量的意见》和中共中央办公厅、国务院办公厅印发《关于深化新时代教育督导体制机制改革的意见》以及《义务教育质量评价指南》等的发布,各地为进一步提高区域质量监测的科学性和实效性,在总结近年来开展区域质量监测的经验

---

① 教育部基础教育质量监测中心. 中国义务教育质量监测报告[R]. 2018:6-8.

基础上,结合当地教育教学实际,开始对以往的区域质量监测方案进行修订,探索形成具有区域特色的质量监测实施方案。小学德育监测理所当然地属于区域监测范围,但是在监测内容上更多聚焦学科核心素养,重点测查学生对社会主义核心价值观、中华优秀传统文化和道德行为规范、法律常识等的掌握状况。

2.4 小学德育关键因素监测框架的建构

2.4.1 构建影响因素监测框架的重要意义

对影响因素监测首先遇到的难题是:影响因素复杂多样、数量众多,且教育结果质量监测往往同时涉及多个学科领域,不同学科领域存在不同的影响因素,但影响因素监测问卷由于受到监测时长的限制,题目容量极其有限。为了解决这一矛盾,按照一定的依据与规则筛选出小学德育关键性的影响因素,并将其根据一定的标准进行维度划分与归类、明确相互之间的逻辑关系就变得至关重要,这一过程就是构建小学德育关键影响因素监测框架。

构建小学德育影响因素监测框架的重要意义在于:一方面,影响因素监测框架体现了监测的价值取向,其理论架构、内容设计、指标选择均传达了监测的核心思想和功能定位;另一方面,监测框架对监测实践工作起到了重要的指导作用,它既是影响因素监测工具(如学生问卷、教师问卷、校长问卷等)编制的依据,同时也引领贯穿监测数据分析、报告研制、结果解读等各个工作环节。因此,构建义务教育质量关键影响因素监测框架成为国际大型教育质量监测项目的一项重要基础性工作,也是质量监测从初级起步阶段走向成熟的重要标志。我国 2015 年正式建立了国家义务教育质量监测制度,2017 年和 2020 年两次进行义务教育阶段小学德育监测。如何通过借鉴国际经验,进行本土化的探索研究,构建我国小学德育质量关键影响因素监测框架具有重要意义。

2.4.2 关键因素框架建构过程中的注意问题

李勉等人认为,基于对国际教育质量监测项目关键影响因素监测框架构建过程及内容特点的分析,以及国内外学术界对教育质量影响因素监测框架的探讨,在义务教育质量关键影响因素监测框架构建过程中应该重点考虑框架立足点、构建原则、内容设计、学科属性、检验论证、操作应用6个方面的问题,以使构建的关键影响因素监测框架能够实现现实性与前瞻性相统一、政策性和科学性相统一、全面性与指向性相统一、一般性和特殊性相统一、对代表性横断数据和纵向追踪数据均有显著预测力和规范性与实用性相统一。① 下面,结合小学德育监测的实际对此6个方面进行具体分析。

2.4.2.1 如何坚持现实性与前瞻性相统一

获取小学德育教育教学质量的客观数据信息,准确刻画其发展的优势和不足,是开展质量监测的首要目的。要服务好这一目的,所构建的小学德育关键影响因素框架必然要立足于监测主体的文化特性、制度特点和发展阶段,在框架设计上反映监测对象的现实状态,对所在区域的现实问题做出有效的回应。

国际大型教育质量监测项目影响因素监测框架均将现实性作为自己的基本立足点。小学德育质量监测除了要反映监测主体的实际状态,还要引领小学德育向"应然"状态发展。因此,小学德育关键影响因素监测也应该体现一定的前瞻性,将社会对未来人才的期望和需求、对教育发展方向的要求纳入监测框架中。

2.4.2.2 如何坚持政策性和科学性相统一

小学德育质量监测是高度体现国家意志的行为,这就决定了质量监测工作具有先天的政策性,既要服务于政策,同时又来源于政策。纵观当前世界上有较大影响力的义务教育质量监测项目,均把充分依据国家教育政策作为影响因素监测框架构建的基本原则。

小学德育质量关键影响因素监测框架作为工具编制的依据和蓝图,其构建还必须遵循科学性的原则,其中一个重要的体现是框架的构建要有坚实的德育理论和评价测量理论基础。理论基础是保证关键影响因素监测框架稳定性的重要前提,它能为框架的整体设计架构和指标筛选提供学术指导思想和方向。国际上有较大影响力的教育质量监测项目,也都是基于一定的理论研究,提出符合项目目标定位的影响因素监测框架设计。

---

① 李勉,张平平,罗良.中国义务教育质量关键影响因素监测框架——构建过程中应考虑的若干问题[J].北京师范大学学报(社会科学版),2017(2):38.

2.4.2.3 如何坚持全面性与指向性相统一

小学德育质量的影响因素众多、影响机制复杂,加上监测结果使用主体多元且关注点不同,决定了小学德育质量影响因素监测框架在内容设计上要具有全面性。小学德育质量的影响因素涉及学生个体、家庭、教师、学校、社会、国家等多个不同层面,其中每个层面都有着难以计量的影响因素。同时,影响因素发挥作用的机制复杂。此外,不同监测结果的使用主体所关注的影响因素也存在很大差异,教育行政部门层面更关注教育政策和管理范畴的因素,学校层面更关注课程和教学范畴的因素,社会公众和家长层面更关注学生身心发展规律范畴的因素。要覆盖到多个层面、多种类型的影响因素,同时尽可能满足不同监测结果使用主体的要求,就决定了要尽可能保证影响因素监测框架的全面性。

小学德育质量影响因素监测框架在内容设计上要具有全面性的同时,又受限于监测时长和题目容量的影响,必须要根据监测目标进行内容的取舍,明确内容设计的指向性。比如,PISA 在内容设计上具有明确的指向性,关注学生是否具备了未来社会生活和终身学习所必需的素养,并了解与学生学习素养相联系的环境因素。因此,其影响因素监测是以社会经济、文化、政策等宏观因素为关注重点。

2.4.2.4 如何坚持一般性和特殊性相统一

在国际大型教育质量监测项目中,影响因素监测框架往往是集学科一般性和学科特殊性于一体的一个统一性框架。小学德育质量监测一般涉及多个领域(如人生观价值观、中华优秀传统文化、行为规范、法律素养、国情常识、安全教育等),每个领域都有自身独特的监测框架,有着鲜明的领域属性。但是,小学德育质量影响因素监测框架只有一个,其作为影响因素监测的顶层设计,既要囊括不同领域的共通点,体现跨学科性和一般性,又要反映监测领域各自的特点,体现不同领域的特殊性。

为了在统一的影响因素监测框架中体现 6 个领域的共通性和差异性,并便于进行不同年度间、不同学科间的监测结果比较,就要在影响因素监测框架中设置 3 类指标:①非学科类指标,如学生人口学信息、学校基本信息等,该类指标与学科领域内容没有直接关系;②不同领域共通指标,如学生的情感态度、教师的教学行为等,该类指标与各个学科领域都有直接关系,但具体操作化内容在学科间存在差异;③学科特异指标,如行为习惯、中华优秀传统文化、法律素养等,该类指标只与特定的一个学科领域有关,有明确的学科针对性。在开展影响因素监测过程中,可根据不同年度的监测内容和实际需求,分配 3 类指标的比例并确定指标的具体内容。另外,要根据不同学科的发展特点,同时兼顾"硬性"和"软性"的影响因素指标。6 个监测领域由于受到重视程度的不同,影响其质量的因素有较大差异。因此,对于这些领域而言,最关键的是要测查课程开设、师资和各项教学资源的配备等硬性影响因素。这两类影响因素都同时兼顾,才能充分反映各个监测领域的发展特点。

2.4.2.5 如何坚持经过代表性的横断数据和纵向追踪数据的验证

小学德育质量监测项目筛选影响因素指标的重要原则之一是各监测指标要与教育结果质量存在紧密关系。这既是影响因素对教育结果质量产生"影响作用"的证据,也是影响因素监测框架进一步修改完善的依据。国际大型教育质量监测项目通常使用横断数据,通过相关分析、回归分析等统计方法,验证影响因素指标与教育结果质量指标的关系。然而,仅通过以横断性教育结果数据作为因变量进行预测力验证是不充分的,因为它只能表明关键影响因素与学生发展结果"相互关联",并不能证明是影响因素变量导致出现了这种教育结果,即不能证明影响因素指标与学生发展结果指标的因果关系。要想更深入地揭示两个指标间的因果联系,可以采用追踪调查。

在追踪调查中,通过在多个不同时间点观测同一群体,收集研究对象随时间发展的行为和心理的连续变化数据,可以分析被研究者的行为演变模式,以及各类现象之间的因果机制。追踪研究由于具有与实验研究相似的内在逻辑,因此也具有与实验设计相似的功能,拥有比横断研究强大得多的因果推断能力。因此,对于教育质量监测来说,影响因素监测框架能否对纵向追踪教育结果具有显著预测力就变得至关重要。只有对纵向追踪结果的预测力也显著,才能在较大程度上印证影响因素产生的是"前因后果"式的影响作用,这样的监测结果才能为教育教学诊断和改进提供更有说服力的证据。

2.4.2.6 如何坚持规范性与实用性相统一

构建小学德育质量关键影响因素监测框架的主要目的是为监测工具的编制提供依据和蓝图,因此框架的使用效果至关重要。从关键影响因素监测框架转化为高质量的监测工具,中间还需要经过多个复杂的环节,其中两个转变至关重要：一是从统一的影响因素监测框架转化为不同领域的监测工具。如根据框架转化为行为规范或者法律素养的影响因素监测工具，如何既符合框架统一性要求，在领域间保持概念等价与测量等价，又满足特定领域需要，是一个重大挑战。二是从统一的影响因素监测框架转化为适用于不同对象的监测工具。监测框架内很多影响因素指标数据具有多样化来源，即同一个指标，既要测查学生，又可能要测查校长、教师，因此如何保障影响因素指标在监测对象间分配的合理性，同时做到不同对象间同一指标在概念与测量上的等价性也是至关重要的。

要高质量地实现上述两个转变，确保监测框架在不同年度间、不同组织间使用的"高保真"，就必须遵守一套规范化的程序与质量要求，因此关键影响因素监测框架使用流程的规范化至关重要。但是，做到规范化的同时，还必须要具有较高的"实用性"，即不能太过于烦琐。监测工作的时间进度性很强，开发工具的时间压力很大，因此小学德育关键影响因素监测框架一定要能让参与命题的教师理解和使用。

参考文献

[1] 汪琪.区域教育质量监测体系研究[M].杭州：浙江大学出版社，2015.

[2] 羊子轶.加强相关因素监测 推动学生全面发展——江苏省苏州市学业质量监测学生相关因素指标框架的构建与思考[J].江苏教育，2020(42)：14-16.

[3] 李勉，张平平，罗良.中国义务教育质量关键影响因素监测框架——构建过程中应考虑的若干问题[J].北京师范大学学报(社会科学版)，2017(2)：37-44.

[4] 福建省人民政府教育督导办公室.福建省义务教育质量监测(2019)·道德与法治学科质量监测结果报告[R].2020.

[5] 教育部基础教育质量监测中心.中国义务教育质量监测报告[R].2018.

第 3 章
学科必备品格和关键能力

小学道德与法治学科属于小学思想政治教育课程的范畴,是增进青少年思想政治素质、道德修养和法治素养的综合性学科,具有方向性、思想性和实践性特点。学科核心素养是学科育人价值的集中体现,是学生通过学科学习而逐步形成的正确的价值观、必备品格和关键能力。在这里有 3 个关键词非常重要:正确的价值观、必备品格和关键能力。这是发展学生核心素养内涵的 3 个重要因素,是学科核心素养的 3 个维度目标。这 3 个维度目标是一个不可分割的整体。华东师范大学崔元漷教授曾以"驾驶素养"为例来说明。上驾校绝不是背一点驾驶知识,而是必须学会驾驶。但一个合格的驾驶员必须具备一定的"驾驶素养",其"驾驶素养"包含价值观念、必备品格和关键能力 3 个目标。驾驶员的关键能力是安全驾驶;必备品格是礼貌行车;价值观念是尊重生命。毫无疑问,社会主义核心价值观就是小学道德与法治课要培养的价值观念。这一点大家都比较熟悉。下面着重对小学道德与法治学科的必备品格和关键能力进行深入探讨。

3.1 学科必备品格

3.1.1 必备品格概述

"character"是品格的英文翻译,做名词有性格、角色、特点等意思;做动词有刻、印、使具有特征的意思。《现代汉语词典》(第7版)将品格的汉语意思界定为品性、品行,也指文学、艺术作品的质量和风格。品性、品行,指一个人的基本素质,对个人今后的人生处境起决定作用。

近年来,关于小学生必备品格的研究匮乏,相关概念界定模糊,主要是学科领域内的研究。收集的国内外有关中学生必备品格的含义,主要有以下几个观点:美国将尊重、责任、自律、信赖、关怀、公平、勇气、坚忍等作为中学生必备品格;加拿大提出的中学生必备品格和美国中学生必备品格的要求有很多相似之处,主要包括尊重、责任、诚实、公平、勇气、主动、正直、乐观等;而我国则将关怀、信赖、责任、尊重、公平正义、诚实这6点作为中学生必备品格培养的主要内容。

在实际的教学研究和教学实践中,大部分教师更注重对学生关键能力的研究和培育,而忽视对学生必备品格的培育。对于小学生必备品格的研究,一方面有助于顺应世界发展趋势,拓宽必备品格的研究视阈;另一方面也有助于小学道德与法治学科的进一步发展,为小学生必备品格的培养策略研究提供一定的理论借鉴,使小学道德与法治课真正发挥"立德树人"的巨大作用,培育符合新时代需要的社会主义建设者和接班人,有着重要的理论与实践意义。必备品格实际上是指作为一个人在完成自身发展和促进社会发展所必须具备的基本素质,包括坚定的政治方向、远大的理想信念、爱国爱民的情怀、求实的科学精神、乐业敬业的态度、诚信友善的品行以及奉献社会的责任担当等非智力因素方面的综合。

3.1.2 国内的研究成果

3.1.2.1 研究现状

祖丹和孔凡哲在研究中发现,以"必备品格"为关键词,对CNKI收录的文献进行全面、详细梳理和归纳可以发现(2000年1月1日至2019年9月30日),其中,明确以"必备品格"作为研究对象的文章68篇,而其中的教育领域文章35篇[1]。两位专家认为,从文献年度分布来看,2014年以前,教育领域的研

---

[1] 祖丹,孔凡哲.数学必备品格的组成要素分析——基于数学家的视角[J].天津师范大学学报(基础教育版),2020(2):60.

究鲜少出现。2014年起,随着必备品格概念的提出,研究者逐渐开始将研究重点聚焦到必备品格。2016年,随着中国学生发展核心素养研究成果发布,研究呈现迅猛上升的态势。必备品格作为学科核心素养的重要组成部分被提出的时间较短,研究年限不长,文献年度分布较集中,但一经提出,就得到广泛热议。从研究内容来看,教育领域研究主要涉及学科品格内涵、"必备品格"的重要性、对某一必备品格进行分析、必备品格培养策略,研究视角单一,多为微观层面,研究内容的选取缺乏系统化和整体化,且各课题之间关联性低。从研究机构来看,研究还处于探索阶段。我国课程与教学研究对情感领域的关注较少,一线教师只能从实践的角度对必备品格的培养策略进行了经验性的总结与反思。目前,必备品格研究群体并未形成,且研究呈现研究视角宽泛、研究内容不系统、研究方法经验化等特征。可见,国内关于必备品格的研究还处在起步阶段,各学科必备品格内涵和要素组成并不明确,对学科必备品格的探讨更是凤毛麟角。

3.1.2.2 专家观点

余文森认为,人必备的3种核心品格是:人与自我关系上的自律(自制)、人与他人关系上的尊重(公德)、人与事情上的认真(责任)。有了自律就遏制了恶的源头,有了尊重就有了善的开端,有了认真就有了进步的动力。这是最基本、最重要的品格,从根本上保证了人性的方向和内涵。其他良好的品格都是基于它们而形成和发展起来的。①

成尚荣认为,中国将学生发展核心素养界定为"必备品格与关键能力"。"必备品格与关键能力"是个具有张力的结构,能力需要道德品格的价值判断和引领,道德品格也需要能力的支撑。这一结构的实质是落实立德树人的根本任务。"必备品格与关键能力"指向人的发展,指向道德品格为导向的学生核心素养的培育和发展。这一表达具有中国特色,是中国智慧的生动体现。基于核心素养的道德价值再认识,一定要以知行统一、学思结合为原则,促进必备品格与关键能力的提升。②

孙彩平认为,从实践哲学的视角出发,作为综合课程的小学德育课程的核

---

① 余文森. 核心素养导向的课堂教学[M]. 上海:上海教育出版社,2017:25-27.
② 成尚荣. 必备品格与关键能力——对道德价值的再认识[J]. 中国德育,2017(4):11.

心素养,不是几个学科知识体系的简单加和,而是服务于美好生活这一总体目的的实践智慧。实践智慧的核心要素,包括善、感、情、意、志、变、决、策、技、行等,都是与个体生活情境整合的而非独立存在的要素,具有鲜明的文化与道德意义。实践智慧的核心能力,包括把握总体上的能力、向生活和经验学习的能力、整合能力和随机应变的能力。[①]

3.1.3 学科必备品格要素分析

教育部在《关于全面深化课程改革 落实立德树人根本任务的意见》中明确提出,"学生应具备的适应终身发展和社会发展需要的必备品格和关键能力","必备品格"作为教育专业名词进入学术视野。作为核心素养要素之一的"必备品格",是当下教育关注的焦点之一。如何将"必备品格"落实到课程教学之中,其难点之一在于明确"必备品格"的内涵。

一般认为,改革开放以来以课程的名称变换为节点划分,小学德育课程发展史主要是3个时期:1978—2000年的小学思想品德,2001—2019年的品德与生活、品德与社会(以全面退出为准),2019年至今的统编版小学道德与法治(以全面使用为准)。

学科必备品格是学科核心素养的重要内容,是在小学道德与法治学习过程中逐渐形成与发展的。学科必备品格能否有效落实于课程教学之中,直接影响小学生学科核心素养的形成与发展。因此,基于小学道德与法治学科本质,明确学科必备品格的内涵与要素,显得尤为重要。

德育专家是学科品格的集中体现者,他们最了解小学道德与法治的本质特征。作为具有鲜明学科特征的小学道德与法治必备品格,德育专家对此的普遍认识具有鲜明代表性。学科专家对自己的专业领域非常熟悉,他们有能力根据该学科的训练方法、内容等,指出该学科对其他人可能做出的贡献。

对目前比较有名的德育专家的代表性著作及相关言论之中明确提及小学道德与法治学科必备品格的关键词进行提取、统计,共提取出若个关键词,对含义相同或相近的关键词合并,梳理得到11个学科品格:创新、坚强意志、理性、

---

① 孙彩平.小学品德课程核心素养刍议——一个实践哲学的视角[J].中小学德育,2016(9):9.

独立思考、实事求是、勇于质疑等。

3.1.4 现阶段亟待解决的问题

品格教育是利用隐性的、潜移默化的培养策略达到培养长期品格的效果。小学道德与法治必备品格具有鲜明的学科特点,学科教材是学科必备品格培养的重要载体。因此,如何将小学道德与法治学科必备品格很好地融入目前正在研制的学科课程标准中,渗透于学科教科书中,落实到教学实施与评价中,是现阶段亟待解决的问题。

3.1.4.1 做好整体规划,将品格教育渗透于教科书中

作为学科的物化形式,教科书是学科教育的重要工具和资料,同时也是学科必备品格的重要载体。小学道德与法治学科必备品格在教科书中有效、系统、高质量地呈现,将有助于学生学科品格及健全人格的养成。小学道德与法治学科必备品格内容在教科书呈现,并非从零开始。现行统编版小学道德与法治教科书中设计的许多教学活动都渗透了学科必备品格内容。虽然统编版教科书中都或多或少地将学科必备品格渗透于教科书中,但编排与组织形式仍需整体规划和理性设计。就呈现方式而言,学科必备品格在教学书中的呈现应以隐性方式为主,因为人的思维过程其实是认知、情感、意志相伴的过程。学科必备品格需与基础知识、基本技能、基本思想、基本活动经验同时达成教育目标,故学科必备品格在教科书中的呈现应以学科的基本知识、基本技能、基本思想、基本活动经验内容为载体,"藏"于学科问题解决的过程中。

就组织形式而言,应关注学生学科必备品格发展的连续性与阶段性。学科必备品格的达成是循序渐进、日积月累的过程,因此保证学科必备品格在教科书中渗透的连续性就显得尤为重要。教科书设计应以培育学科核心素养的教科书编制理念为导向,从整体上把握学科教科书的内容体系,确保学生能累积形成学科必备品格所必需的长期情感体验。同时还应注意的是学生必备品格的形成具有阶段性,课程标准应以各阶段学生心理发展为出发点,对各学习阶段学科必备品格目标提出不同的要求。

3.1.4.2 重视学科必备品格培养情境的创设

学科必备品格的培养要关注人作为品格建构主体的能动性,重视学生在学科化情境中长期的情感体验和潜移默化的情感建构。合理地设计学科化问题

情境,使学生在与问题情境有效互动中逐渐形成学科必备品格。

事实上,小学道德与法治教学实践中创造性地运用比较、分析、综合等方法解决学科问题,是逐渐形成创新意识和勇于探索精神的过程,也是创新品格形成的过程;发现问题、提出问题、分析问题、解决问题的情感体验过程,是勇于质疑的形成过程。课程开发者和教师设计培养学科品格情境时,应注意各学科必备品格之间不是独立、割裂的,恰当、合理的学科情境可以让学生同时获得多种情感体验。

3.1.4.3 提升教师对品格教学的能力

基于核心素养的课程改革,不仅教材将发生质的变化,课堂教学也将发生根本性的变革。具体地,基于小学道德与法治学科核心素养的教学活动,教师应把握小学道德与法治学科的本质,创设合适的教学情景,提出合适的学科问题,引发学生思考与交流,形成和发展小学道德与法治学科核心素养。学科教师应在关注学生关键能力提升的同时,也要关注学生必备品格的养成,将习得知识、发展学科品格与关键能力的过程融为一体。

基于核心素养的课堂教学变革,对教师提出了新要求:首先,学科教师应不断地提升自身的学科素养。学科教师对小学道德与法治学科本质的正确理解,对教学内容的宏观把握,以及对跨学科知识的了解,都将对学科化问题情境创设的适切性与恰当性产生影响,进而影响学生健全人格的养成。其次,多途径提升学科教师的品格教学。一直以来,相较于对知识技能目标和过程方法目标的深入把握,学科教师对情感目标的理解和把握相对薄弱。主要原因在于缺乏相应的质量监管规范,并且教师自身重视程度与学习动力不足。针对这种情况,应基于学科核心素养的理念,在已有的教师评价体系中增加必备品格指标,从制度上保证教师学科核心素养教学的质量。同时教师也应有意识地加强自身对情感目标的理解与掌握,提升品格教学技能。最后,小学道德与法治学科教师应不断寻求知识技能目标与情感目标的契合点,积极开发和利用各种教学资源,运用多元的教学策略,有意识地引导学生在学科学习活动中体验和实践学科必备品格。

3.1.4.4 构建对学科必备品格的教学评价体系

与以往知识为本的评价理念相比,以核心素养为本的评价理念更多的关注对过程的评价。基于核心素养的评价理念,学科必备品格评价应以促进学生小学道德与法治学科必备品格发展和提升学科核心素养为目的,立足于考查学生学科必备品格的现实状况,诊断学生学习和教师教学过程中的优势和不足。与知识技能不同,评价情感态度与品格需以情境活动为引导。因此,小学道德与法治学科必备品格评价的重点在于学生是否能在现实情境中运用这些品格做出良好的表现。对学科必备品格的考查过程,应让学生在放松的状态下参与学科教学活动,教师则跟踪记录学生的自然表现,比较分析学生不同时期的变化与表现情况,了解和考查学生在学科化情境中的真实表现。事实上,国内正在实践的许多评价方式,诸如综合素质评价、过程性评价等都为构建学科必备品格的教学评价体系提供了宝贵经验。考虑到反映学生小学道德与法治学科必备品格状况的信息是多层次、多角度的,可依据多元化原则选择评价方式。丰富的评价方式,可以公正、客观、全面地反映学生个体学科必备品格的形成程度,并有针对性地为每位学生提供具体、可行的改进意见。

不难理解,个体道德心理主要包括道德认知、道德情感、道德行为3个方面,一个人只有具备深刻的道德认知,才能产生强烈的道德情感,自觉呈现相应的道德行为。以纸笔测试为主的小学德育监测虽然无法对小学生的道德行为直接进行考查,但如果监测试题设计得好,是完全可以比较全面、客观地考查学生的道德认知与道德情感水平的。当然,道德的考查相较于知识和能力的考查更具复杂性。小学生在参加监测时,特殊的时刻,特定的场所,监测试题中所呈现的某一个细节、主张的某个观点和蕴含的某一种特殊情感,很有可能在他们心目中留下不可磨灭的印象,甚至影响到他们以后对人、对事的态度和看法。另外,监测试题还对小学道德与法治学科教学起到反拨的作用,具有引领学科教学的价值导向作用。正是小学德育监测承载的时代使命,其监测工具的设计不仅要考查学生的知识和能力,还要关注正确的价值观和学科必备品格,把立德树人的理念尤其是社会主义核心价值观融入考试内容。

3.2 学科关键能力的厘定

3.2.1 学科关键能力的因素分析

目前国内很多研究都属于质性研究,停留在对经验的总结上,对学科能力结构的研究很多学者都是在文献基础上加上个人的教学实践而来,或者通过对教学大纲和课程标准的解读而来,带有很强的个人主观意志,缺乏一定的科学性和系统性。当然也有学者通过实证研究,立足于数据,通过问卷调查、编测试题等方式应用分析软件对数据进行因素分析最终得出学科能力主要要素。

因素分析是一种潜在结构分析法,该方法的基本思想是将多指标化为少数几项综合性指标,人们可以通过这少数几项综合性指标提取所研究对象的绝大部分信息。其目的是通过变量的相关系数矩阵内部结构的研究,找出控制所有变量的几个因素,它将相关性较高即联系比较紧密的变量分在同一类中,使不同类的变量之间的相关性较低。因素分析法因其数据取向、基于实证,有利于研究者从学生习得的众多的学科能力中准确把握几种主要的学科能力。从一定程度上讲,实证研究使学科能力的研究更科学化,研究结果也更具有参考价值。但因素分析也存在不足,为获取数据所编制的测验工具在某种程度上仍会体现研究者对学生学科能力结构可能成分的潜在假设,如测验工具中包含的能力维度、各维度在整个测验中所占的比重等。

3.2.2 学科关键能力的厘定

厘定学科关键能力,成为深化小学道德与法治学科建设的首要工作。与其他学科相比,小学道德与法治延续了品德与生活、品德与社会的学科特点,强调国家主导意识教育、促进小学生的社会性发展以及帮助他们认识和解决遇到的社会生活问题。同时,小学道德与法治具有更加丰富的内容,对教学提出了更高的要求。厘清道德与法治学科关键能力,以此提升对学科内容结构与教学过程的深入理解,有利于帮助课堂教学超越当前生活课、社会课、劳动课、法律课、历史课和地理课等的拼盘式综合学科状态,进入融合式综合学科新阶段。

3.2.2.1 2011年版课程标准是依据

戴慧认为,学科关键能力是学科能力中最核心、最重要的能力,或者是使该学科区别于其他学科的核心能力。而考虑一种学科能力的构成,必须明确本学科基本的认知要求。[①] 小学道德与法治基于品德与生活、品德与社会两门课程,因此两本2011年版课程标准依然是我们理解本学科的重要依据。

---

① 戴慧. 公民培育视域下思想品德学科核心素养模型构建[J]. 中小学德育,2016(8):48.

《义务教育品德与生活课程标准(2011年版)》指出:"引导儿童热爱生活、学会关心、积极探究是课程的核心。"《义务教育品德与社会课程标准(2011年版)》在前言部分强调:"帮助学生参与社会、学会做人是课程的核心。"可见,小学德育课程的核心是做人。学做人,不单是知识或观念方面的问题,而是涉及个人修养以及个人对美好生活追求的实践活动。因此,小学道德与法治的关键能力不能停留于道德和法律观念层面,而要进一步付诸实践与行动的认同与内化。

3.2.2.2 已有的研究成果是基础

每一门学科都有其学科独特的学科能力界定。厘定小学道德与法治学科关键能力,需要立足已有相关研究成果,尤其是德育学科类成果,还需要综合思考学科的自身建构、学科特点及其社会价值和社会的现实需要等重要因素。

近年来,国内已有一些专家学者对德育学科的关键能力进行了研究。

寇彧和张文新认为,"思想品德学科能力主要指学生表现在学习思想品德课方面的能力,表现在对是非做出判断时的能力,以及在社会生活实践过程中表现出的处理日常人际问题的能力和对他人情感的理解能力",其主要内容是学生应具有的:是非判断力、社会认知和角色获得能力、知识的学习方面能力和社会实践能力。[①]

吴铎认为,"思想政治教育培养的重点是分析能力和应用能力",其中分析能力是一种社会认知能力,而应用能力是以分析能力为基础,是能够适当地解决问题,分析能力和应用能力具有一致性。[②]

张建文持有相近的观点,强调"思想政治课的特殊能力就是用马克思主义的立场、观点、方法来分析认识有关社会问题和自身思想问题的能力",小学、初中以引导学生认识自身的思想和成长问题为主,高中、大学以引导学生分析认识相关社会问题为主。[③]

孙彩平认为,小学品德课程的核心素养是实践智慧,其关键能力就完全不同于一般的学科课程。学生通过这门课程习得的关键能力,包括把握总体善的

---

① 寇彧,张文新. 思想品德教学心理学[M]. 北京:北京出版社,北京教育出版社,2001:11-12.
② 吴铎. 思想政治教育学[M]. 杭州:浙江教育出版社,1993:102-103,210-213.
③ 张建文. 思想政治课程与教学论[M]. 北京:人民出版社,2008:141.

能力、从生活和经验中学习的能力、整合能力和随机应变能力。①

从中不难发现，诸多已有研究都涉及两个关键词：社会认知能力和社会问题解决能力。虽然这些学者并未明确将其作为德育学科的关键能力，但其高频率地出现，说明社会认知能力和社会问题解决能力应该是学生道德发展的重要能力组成，理应纳入学科关键能力研究之中。

3.2.2.3 进一步的探讨

王玲玲认为，儿童社会能力是儿童认识、处理社会情景的能力和与别人交往的策略、技能及效果等。主要包括：社会认知能力、言语倾听和表达能力、解决社会问题情景的能力。② 这里对儿童社会能力的分析和界定同样适合于小学年龄阶段的学生，对于厘定学科关键能力具有借鉴意义。

社会认知是"人对社会客体的感知和认识过程，与对自然客体的感知和认识过程相对应，包括对他人、对自己和对群体的知觉"。这可以理解为，社会认知是智力和非智力综合而成的能力，是社会行动和社会情感的基础。没有社会认知，社会行动将陷入盲目状态甚至无所适从，社会情感则空洞无所依托，社会性能力也就成了空话，德育学科能力更是无从谈起。社会认知的这种基础性正是德育学科所期望和需要培养的关键能力，也是小学道德与法治学科必备的关键能力。北京师范大学林崇德教授也曾指出"思想品德学科能力更多地与学生的社会认知能力有关"③，更是强调了社会认知的重要性。

而重视社会问题解决能力的培养，早已是德育课程教学的共识。《义务教育品德与社会课程标准(2011年版)》在教学建议部分，浓墨重彩地对"问题解决学习"的目的和方式进行了阐述。社会问题解决能力是未来学习的基础，可以有效帮助学生参与社会，进行个人活动。小学道德与法治作为德育学科不能停留在传授僵化和过时的道德和法律规则，关键是要引导小学生在社会主义核心价值观的指导下，妥善面对、灵活处理生活中遇到的问题，过上愉快、积极的生活，最终实现人生的幸福和美满。统编版《道德与法治》教材就此进行了积极的尝试，我们从小学《道德与法治》1至2年级教材的栏目名称便可得以印证。据

---

① 孙彩平.小学品德课程核心素养刍议——一个实践哲学的视角[J].中小学德育, 2019(9):9-13.
② 王玲玲.儿童社会能力：内涵、结构与培养策略[J].开封教育学院学报,2011(3):115.
③ 寇彧,张文新.思想品德教学心理学[M].北京:北京出版社,北京教育出版社,2001:11.

统计,一、二年级教材栏目名称以问题形式呈现的比例高达23.87%,近百个大小问题聚焦儿童生活实际,亟须教师在课堂教学中给予引导,化解儿童在生活中遇到的困难和苦恼。可见,社会问题解决能力也将成为小学道德与法治独立的学科关键能力。

由此,笔者提出,将社会认知能力和社会问题解决能力作为小学道德与法治学科的关键能力,并进行深入的研究。

3.2.3 学科关键能力的内涵界定与模型建构

3.2.3.1 社会认知能力的内涵与模型建构

多年来,正如有的学者所言有3对关系是我们在德育课程教学中一直面临且不断思考的难题,即知与不知、知与行以及信与不信的关系。笔者认为,对小学生来说,这3对关系更多的是认识上的问题,重要的是怎么认识的问题,即"会不会看问题"。其中,"知与不知"的关系是认识上的问题,就不用多说;"知与行"的关系在现有学科教学范围内,其主要方面不是"行",而是"知",因为要使小学生的"知"顺利转化为"行",最需要解决的仍然是认识问题;"信与不信"的关系则更富于情感因素,而情感不仅要以认知为基础,而且其本身自然渗透着认知能力方面的元素。

因此,笔者认为,社会认知能力关涉学生对自我、他人、社会以及3者之间关系的基本认知,并在此基础上形成与发展相应的认知能力,做出相应的价值判断。而在这一过程中,情感、态度与价值观的作用不可或缺。正如黄建君所指出的,"社会认知能力应该包括角色认同能力、价值判断能力和问题辨析能力,它们相互联系和制约,共同构成德育学科核心能力"[①]。《义务教育品德与社会课程标准(2011版)》在前言部分明确指出,本课程以社会主义核心价值观体系为指导,以满足学生的身心需要为目标,以学生社会生活为基础,注重学生在主动学习的过程中,初步掌握认识社会事物和现象的方法,提高道德判断和行为选择能力,发展学生主动适应社会、积极参与社会的能力。

基于以上分析,笔者认为,可以将价值判断能力改为道德判断能力,其他两个能力可以适用。由此,提出社会认知能力的结构模型(表3-1)。

---

① 黄建君.德育学科核心能力刍议[J].课程·教材·教法,2013(7):55-56.

表 3-1　社会认知能力的结构模型[①]

能力类型	能力结构	
社会认知能力	角色认同能力	对生活中自己所要扮演的社会正式角色以及相关角色的认识能力
	道德判断能力	对生活所要抉择的道德和非道德价值的认识能力
	问题辨析能力	对生活中自己所要处理的个人和社会问题的认知能力

在表 3-1 中,角色认同能力是学生对生活中自己所要扮演的社会正式角色以及相关角色的认识能力,表现了学生对社会角色,特别是正式角色的认识水平;道德判断能力是学生对生活所要抉择的道德和非道德价值的认识能力,表现了学生对道德问题的认识水平;问题辨析能力是学生对生活中自己所要处理的个人和社会问题的认知能力,表现了学生对问题,特别是社会问题的认识水平。

3.2.3.2 社会问题解决能力的内涵与模型建构

未来社会的发展趋势要求未来人才必须具备跨学科的综合素养,这是解决实际问题所必需的素养。学生发展核心素养的提出也指向这一时代诉求,当前,问题解决能力成为各国教育计划中学科核心教育目标。问题解决能力作为独立的学科关键能力,日益受到社会各界的高度重视。这可从 PISA 测评的发展趋势中窥见一斑。

2003 年,PISA 在 2000 年原有的阅读、科学和数学 3 个领域测试的基础上,基于学生面对未来社会的要求,新增了问题解决能力的测试项目;2012 年,PISA 再次把问题解决作为评估项目之一;而 2015 年,PISA 还首次引入了合作问题解决(collaborative problem solving,CPS)测验。

其中,滕梅芳认为,2003 年 PISA 跨学科问题解决评价,将学生问题解决能力限制在 3 个问题解决范围,即:决策制定、系统分析和设计、疑难排除。[②] 显然,这一测试扩大了对学生问题解决能力的评价范围,超越了传统学科课程界

[①] 高本光. 小学道德与法治学科关键能力的厘定与模型建构[J]. 中小学德育,2018(4):48.

[②] 滕梅芳. 评估关键能力 培育生活智慧——OECD/PISA 问题解决能力之构想、设计与评估[J]. 浙江教育学院学报,2010(1):11.

限,将问题解决延伸至现实生活情境,评估学生综合解决现实生活问题的能力。笔者认为,对于小学生来说,疑难排除是其面临的最主要的生活与学习问题,而解决问题的关键是找到问题的突破口。针对具体的社会问题情境,小学生一般要经历这样的4个步骤:了解问题情境条件→明确问题的目标→寻求解决方法→求得解答并检验。简而言之,社会问题解决能力是指能够综合运用所学小学道德与法治相关知识,解决生活中遇到的真实问题的能力。这一内涵的界定,关注小学生实践能力的形成与发展,希望能为小学道德与法治教学走向生活、培育小学生的生活智慧提供重要思路。基于以上分析,笔者尝试建构了社会问题解决能力的结构模型(表3-2)。

表3-2 社会问题解决能力的结构模型[①]

能力类型		能力结构
社会问题解决能力	发现问题能力	1. 能够从具体情境中找出学科问题和相关信息,形成问题,力求回答问题的能力。 2. 涵盖了理解问题情境的能力和相关信息提取、概括能力
	提出问题能力	1. 能理解文字、视频和语言等资料,并采用学科语言形式表达出来能力。 2. 在对问题情境进行准确描述的基础上,能迅速地将问题形式化和学科化
	分析问题能力	1. 初步具有收集、整理和运用相关信息的能力,能使用合适的方式、方法来分析说明问题。 2. 学习将复杂社会问题分解为若干个小问题,简要说明具体的解决问题办法和途径
	解决问题能力	1. 尝试合理地、有创意地解决儿童生活中问题的能力。 2. 将已解决的问题的结论和方法运用到其他具体的问题情境

在表3-2中,4种能力的关系是一个螺旋上升的结构:发现问题能力是其他3种能力的基础,提出问题和分析问题能力是能力培养的关键,而解决问题能力的提高,反过来又会促进其他3种能力的发展。由此,不断提高小学生社会问题解决能力。

---

① 高本光. 小学道德与法治学科关键能力的厘定与模型建构[J]. 中小学德育,2018(4):48.

总之，小学道德与法治学科关键能力是教学的主线，与其他知识、技能是纲与目的关系，纲举才能目张。学科关键能力的厘定，有利于教师跳出原来经常纠结于教学内容上拼盘的思维习惯，学会从综合学科的更高视野把握教学内容，有效地提高课堂教学质量，不断提升小学生的学科素养。当然，以上将社会认知能力和社会问题解决能力作为小学道德与法治的学科关键能力，仅是笔者的一家之言，希望能引发更多的思考和讨论。

3.3 学科关键能力测评

3.3.1 学科行为动词的理解和把握

3.3.1.1 问题提出

行为动词是小学道德与法治课堂教学目标制定中极为重要的要素。它不仅标明教学在知识、能力与方法以及情感态度价值观3个维度的水平定位、层次差异，而且对教师教学行为和学生学习行为有直接的关联作用。但是，一线教师对学科行为动词的理解和把握至少存在三大困惑：一是课程标准和《青少年法治教育大纲》中的行为动词如何界定？二是学科行为动词的使用是否有章可循？三是在落实课程标准和《青少年法治教育大纲》时如何把握学科行为动词？这些困惑在教学中的表现可以概括为"一个混乱两个不一致"，其中"一混乱"是指教学目标中的行为主体表述混乱；"两个不一致"是指选用的行为动词与2011年版课程标准、《青少年法治教育大纲》要求不一致，维度表述不全面，行为动词所指向的层次要求与2011年版课程标准和《青少年法治教育大纲》不一致。解决上述问题，需要我们站在发展学生核心素养的高度，对课程标准和《青少年法治教育大纲》中的学科行为动词进行梳理和反思，为学科深度学习的开展打下基础、创造条件。这是因为，行为动词表示的是具体的动作或行为，具有具体、明确、可观察和便于测量等优点。

3.3.1.2 学科课程标准中课程内容动词的统计分析

2019年秋季开始，统编版小学《道德与法治》教材在全国范围全面使用。但是，相关的课程标准还在研制中，原来的《义务教育品德与生活课程标准（2011年版）》和《义务教育品德与社会课程标准（2011年版）》仍然在使用中。因此，以下的学科行为动词的分类是基于2011年版课程标准展开的。

第一,动词统计思路和要求。

本研究主要是针对学科学习目标的行为展开,所以统计的思路强调指向性原则和显性化原则。一是指向性原则,仅统计用于描述行为的动词。学习目标采用"条件＋行为＋内容"的描述方式,行为主要用动词来表示,但动词的使用并不局限于行为,条件和内容部分也会使用动词。二是显性化原则,仅统计明确使用的动词,对于潜在的、暗含的动词不予统计。[①]

第二,《义务教育品德与生活课程标准(2011年版)》课程内容动词的统计分析。

《义务教育品德与生活课程标准(2011年版)》的内容标准是,用尽可能清晰的行为动词从情感态度、行为与习惯、知识与技能、过程与方法4方面对学生的学习结果进行描述。在《义务教育品德与生活课程标准(2011年版)》内容标准中,呈现方式是:用行为目标陈述方式表达课程内容目标,既提出对特定知识与技能的要求,又提出对特定行为与习惯、过程与方法的要求,更注重对情感与态度的要求,具有指令性、规则性。在《义务教育品德与生活课程标准(2011年版)》内容标准中,行为动词比较丰富,主要有"了解、知道"等20多个行为动词,这些行为动词可以分为三大类,见表3-3。

表3-3 《义务教育品德与生活课程标准(2011年版)》课程内容中动词的统计分析

目标动词类型	各水平的要求	内容标准中使用各水平要求的行为动词
知识性目标动词	了解水平:再认或回忆知识;识别、辨认事实;举出例子等	识别、了解、知道、列举……
	理解水平:与已有知识建立联系;进行解释、区分;收集、整理信息	理解、解释……
	应用水平:在新的情境中使用抽象的观点;建立不同情景下的合理联系等	分析、运用……

[①] 王少卿,赵浩浩.《义务教育小学科学课程标准》课程内容动词统计分析[J].上海教育科研,2020(1):61.

续表

目标动词类型	各水平的要求	内容标准中使用各水平要求的行为动词
过程性目标动词	为了实现知识性目标和情感性目标,小学生所采用的学习过程和学习方法来完成的目标	观察、讨论、调查……
情感性目标动词	经历(感受)水平:从事相关活动,建立感性认识	感受、感悟、体验……
	反应(认同)水平:在经历基础上表达感受和态度,做出相应反应等	表达、弘扬……
	领悟(内化)水平:具有稳定的态度、一致的行为等	树立、确认……

第三,《义务教育品德与社会课程标准(2011年版)》中动词的分类。

《义务教育品德与社会课程标准(2011年版)》的内容标准是,用尽可能清晰的行为动词从情感态度价值观、能力与方法、知识3方面对学生的学习结果进行描述。在《义务教育品德与社会课程标准(2011年版)》内容标准中,呈现方式是:在左栏中,用行为目标陈述方式表达课程内容目标,既提出对特定知识的要求,又提出对特定过程的要求,更注重对情感态度与价值观的要求,具有指令性、规则性。而在右栏中,从内容要点的把握和教学活动的开展两个方面,对相应内容目标的实施做出了"提示与建议",具有指导性、开放性和选择性。在《义务教育品德与社会课程标准(2011年版)》内容标准中,行为动词比较丰富,主要有"了解、知道"等20多个行为动词,这些行为动词可以分为三大类,见表3-4。

表3-4 《义务教育品德与社会课程标准(2011年版)》课程内容中动词的统计分析

目标动词类型	各水平的要求	内容标准中使用各水平要求的行为动词
知识性目标动词	了解水平:再认或回忆知识;识别、辨认事实;举出例子;描述对象的基本特征等	识别、了解、知道、描述、列举……
	理解水平:把握内在逻辑联系;与已有知识建立联系;进行解释、推断、区分;收集、整理信息	理解、解释……
	应用水平:在新的情境中使用抽象的观点,进行总结;建立不同情景下的合理联系等	分析、运用、学会……

续表

目标动词类型	各水平的要求	内容标准中使用各水平要求的行为动词
过程性目标动词	为了实现知识性目标和情感性目标,小学生所采用的学习过程和学习方法来完成的目标	观察、讨论、调查、考察参观、辩论……
情感性目标动词	经历(感受)水平:从事相关活动,建立感性认识	感受、感悟、体验……
	反应(认同)水平:在经历基础上表达感受、态度和价值判断,做出相应反应等	表达、弘扬、悦纳……
	领悟(内化)水平:具有稳定的态度、个性化的价值观念等	树立、确认……

3.3.1.3《青少年法治教育大纲》(小学部分)中动词的分类

在《青少年法治教育大纲》中,小学部分的行为动词相对比较简单,主要有"了解、理解、知道、建立、树立、爱护、遵守、增强"等10多个动词。这些行为动词可以分为三大类,见表3-5。

表3-5 《青少年法治教育大纲》(小学部分)动词统计分析

目标动词类型	各水平的要求	内容标准中使用各水平要求的行为动词
知识性目标动词	了解水平:再认或回忆知识;识别、辨认事实或证据;举出例子;描述对象的基本特征等	识别、了解、知道、描述、列举……
	理解水平:把握内在逻辑联系;与已有知识建立联系;进行解释、推断、区分;提供证据;收集、整理信息	理解、解释、说明……
	应用水平:在新的情境中使用抽象的概念;进行总结、推广;建立不同情景下的合理联系等	分析、运用、学会……
过程性目标动词	为了实现知识性目标和情感性目标,小学生所采用的学习过程和学习方法来完成的目标	观察、讨论、调查、考察参观、辩论……
情感性目标动词	经历(感受)水平:从事相关活动,建立感性认识	感受、感悟、体验……
	反应(认同)水平:在经历基础上表达感受、态度和价值判断,做出相应反应等	表达、弘扬、悦纳……
	领悟(内化)水平:具有稳定的态度、一致的行为和个性化的价值观念等	树立、确认、确立……

3.3.1.4 准确地理解小学道德与法治的行为动词

基于以上对《义务教育品德与生活课程标准(2011年版)》、《义务教育品德与社会课程标准(2011年版)》和《青少年法治教育大纲》(小学部分)中行为动词的分类,笔者认为,准确理解小学道德与法治的行为动词需要从以下3个方面入手。

第一,全面理解外显行为动词的内涵与价值。

在小学道德与法治教学活动中,"探究""领悟""学习""体会""感悟"等几个行为动词,教师和学生都是既熟悉又喜欢的。这些行为动词似乎时时可用,处处可用,"放之课堂而皆准"。但是,想一想:这些行为动词能否传达给我们明确的信息呢?答案是否定的。把这些行为动词用在教学目标的表述中,教学目标给人的感觉就是笼统模糊。这不仅表现在学生对究竟应该怎样去"领悟""探究""学习""体会""感悟"等无所适从,还表现在教师对学生究竟"领悟""探究""学习""体会""感悟"到了哪一步哪一个层次无法检测和管控。既然,学生不好操作,教师无法测量,那教学目标达成度也就成为大问题了。这个问题的症结就出在教学目标表述多在使用内隐心理行为动词上。

所谓内隐心理行为动词,指无明确、具体的质和量规定的能愿感官动词,它代表的是思想认识上的变化,是藏在内心的一种心理感情体验,是看不见、摸不着的,只有说话者本人才能意识到的状态或者行为,是一种无法操作、不易检测的隐性变化,如认识、懂得、受到、理解、掌握、了解、知道等。

所谓外显行为动词,是指明确的、可测量、可评价的行为动词。通俗地讲,就是这类词能明确传达给我们"能做什么"的信息,具有很强的操作性,如解释、说明、阐明、比较、分类、归纳、概述、概括、判断、区别、猜测、估计、收集、重复、再现、模仿、例证、扩展,等等。

在教学目标中,既然这类词会使教学目标显得笼统而模糊,会造成学生不明确学什么和怎样学,也会让教师无法观察和测量该目标是否达成以及达成的目标水平如何,如目标中的"探究""领悟""学习""体会""感悟",均无具体标准,似乎可随意推论。更重要的是,无法界定该目标是训练学生的哪一种学习能力,因此失去了组织教学环节,采取教学手段、方法的根据。而解决以上问题的不二法门就是要把"探究""领悟""学习""体会""感悟"之类只可随意推论的内隐心理行为动词换成对学生的行动能直接观察的外显行为动词。

第二，理清行为动词在教学目标不同维度中的内在关联。

三维教学目标中知识与技能、过程与方法、情感态度与价值观是一个相互联系、相互渗透的整体，是一个完整的人在学习活动中实现素质建构的3个侧面，有机地统一于学生成长与发展的全过程之中。其在品德与生活课程目标中表现为4个维度，即情感与态度、行为与习惯、知识与技能、过程与方法；在品德与社会课程目标中表现为3个维度，即情感态度与价值观、能力与方法、知识；在《青少年法治教育大纲》中表现为3个维度，即情感、过程和知识。作为小学道德与法治学科，关注行为动词不仅仅是简单地关注知识水平的要求，更要关注行为动词所关联的学生能力和情感发展的具体要求。这3个具有独立意义的要素现已成为课程目标的重要组成部分。

例如，五年级下册《红军不怕远征难》教学目标可以设计为3个：描述长征的历史背景、路线和过程；说明遵义会议的历史地位；结合实际，学习和践行长征精神。在以上的教学目标中，"描述"指向的是小学生知识水平的要求；"说明"指向的是学生能力的基本要求；"学习和践行"指向的是学生情感、态度与价值观的要求。"描述长征的历史背景、路线和过程"是学生"说明遵义会议的历史地位"的前提和基础；"描述长征的历史背景、路线和过程与说明遵义会议的历史地位"则是学生"结合实际，学习和践行长征精神"的前提。由此可见，情感、态度与价值观目标是在知识学习与探究中、在能力培养与训练中逐步渗透、形成的。

第三，把握行为动词在教学目标中的可操作性和测评性。

教学目标是评价课堂教学是否有效的直接依据，有效的教学目标更多地关注目标的可操作性和测评性。采用适当的可操作、可测评的行为动词来描述，明确对学生做出要求，使教学目标意义明确，易于观察、便于检验。可操作性和测评性都注重对外显动词的选择，可测评性还要求行为条件的情境化和表现程度的具体化。有的教师误将"目的"当成"目标"，因而在陈述教学目标时常常会出现"培养学生成为德智体全面发展的人"、"提高学生分析能力"或"拓展学生知识面"等这些不明确的表达，因而无法观察到目标行为是否实现以及何时实现。这样的目标对实际教学没有管理或评价的价值，因而也就没有具体的指导意义了。

总之，在2011年版课程标准的内容标准和《青少年法治教育大纲》中，有许多行为动词都是极有分寸的。这种要求上的分寸,反映的正是针对小学生的阶段适应性,它是科学的。背离了阶段适应性,就会导致目标要求过低或者过高。同时,还要注意行为动词所反映出的主体性、内在统一性和可操作性。

行为目标陈述的句式中,有4个基本要素:行为主体、行为动词、行为条件和预期表现,其中行为主体是学生;行为条件是影响行为表现的特定的限制或范围等;而预期表现是指学生对目标所达到的表现水准,用以测量学习表现或学习结果所达到的程度。然而,并不是所有的目标呈现方式都包括这4个要素,有时为了陈述简便,省略了行为主体或行为条件,但前提以不会引起误解或引起多种解释为标准。

例如,在有效获取信息的同时(条件),增强(行为动词)对信息的辨别能力,遵守(行为动词)通信的基本礼貌和网络道德、法律规范,做到(行为动词)文明上网(预期表现)。这里的行为主体是学生,只是做了省略处理。

3.3.2 学科关键能力测评维度

小学道德与法治学科关键能力突出学科特质,聚焦学科思维方法,有利于培养适应未来社会和终身发展的具有核心竞争力的人才。为系统有效测试学生学科关键能力,整体谋划试题的测量目标,根据小学道德与法治学科测试模型确定了核心知识、情境素材、能力进阶3个维度。

维度1:学科核心知识。核心知识是落实关键能力的重要基础,更是培育学科核心素养的重要抓手。布卢姆的弟子安德森(Anderson)在修订版教育目标分类学中将知识分为"内容性(陈述性、概念性)知识、程序性知识、认知性(元认知)知识"[1],根据学科研究内容将核心知识进一步具化为学科知识和学科间综合知识。其中,学科知识以学科大概念统领形成知识域,强调知识的认知功能和迁移价值;学科间综合知识则强调小学道德与法治作为21世纪重要学科,统整科学的学科研究方法,体现利用跨学科知识解决真实复杂问题的价值。

维度2:情境素材。情境素材承载着核心知识,是实现关键能力测试的核

---

[1] 洛林·W.安德森(Lorin W. Anderson)等.布卢姆教育目标分类学 修订版(完整版):分类学视野下的学与教及其测评[M].蒋小平,张琴美,罗晶晶,译.北京:外语教学与研究出版社,2009:22.

心、关键一环。孔燕等人认为,可以根据学生对情境素材的熟悉程度与专业程度将其分为"教材情境、生活情境、学术情境"[①],其中教材情境主要考查知识复述再现层阶,属于低阶能力;生活情境主要考查知识迁移应用;学术情境主要考查知识的远迁移,属于高阶能力。关键能力的考查要求学生面对真实复杂的情境,调用知识,形成解决问题的一般思路,是知识由结构化向功能化、素养化发展的必由路径。

维度3:能力进阶。布卢姆教育目标分类学将认知维度分为"记忆、理解、运用、分析、评价、创造",笔者则根据学科能力构成模型,将学科关键能力划分为"社会认知能力、社会问题解决能力",每个能力维度下再细分3～4个子能力,依次进阶。小学道德与法治学科关键能力的考查,主要通过精选真实情境,将真实情境转化为驱动性问题,考查学生必备知识,调控学生认知维度,达到考查关键能力的测量目标。为了更加准确地反映学生学科关键能力真实水平,防止"刷题"造成测量系统误差,依据学科关键能力维度和测试框架,研制了测试学生学科关键能力的试题,并在四年级学生样本中进行了测试,取得较好的效果。

参考文献

[1] 祖丹,孔凡哲.数学必备品格的组成要素分析——基于数学家的视角[J].天津师范大学学报(基础教育版),2020(2):59-65.

[2] 余文森.核心素养导向的课堂教学[M].上海:上海教育出版社,2017.

[3] 成尚荣.必备品格与关键能力——对道德价值的再认识[J].中国德育,2017(4):11-14.

[4] 孙彩平.小学品德课程核心素养刍议——一个实践哲学的视角[J].中小学德育,2016(9):9-13.

[5] 戴慧.公民培育视域下思想品德学科核心素养模型构建[J].中小学德育,2016(8):46-48.

[6] 寇彧,张文新.思想品德教学心理学[M].北京:北京出版社,北京教育出版社,2001.

---

① 孔燕,吴儒敏,朱晓果,等.学术情境试题的目标定位与编制策略[J].中国考试,2016(9):18-23.

[7] 吴铎.思想政治教育学[M].杭州:浙江教育出版社,1993.

[8] 张建文.思想政治课程与教学论[M].北京:人民出版社,2008.

[9] 王玲玲.儿童社会能力:内涵、结构与培养策略[J].开封教育学院学报,2011(3):115-118.

[10] 黄建君.德育学科核心能力刍议[J].课程·教材·教法,2013(7):54-59.

[11] 高本光.小学道德与法治学科关键能力的厘定与模型建构[J].中小学德育,2018(4):46-49.

[12] 滕梅芳.评估关键能力 培育生活智慧——OECD/PISA 问题解决能力之构想、设计与评估[J].浙江教育学院学报,2010(1):9-16.

[13] 王少卿,赵浩浩.《义务教育小学科学课程标准》课程内容动词统计分析[J].上海教育科研,2020(1):61-64.

[14] 洛林·W. 安德森(Lorin W. Anderson)等.布卢姆教育目标分类学 修订版(完整版):分类学视野下的学与 教及其测评[M].蒋小平,张琴美,罗晶晶,译.北京:外语教学与研究出版社,2009.

[15] 孔燕,吴儒敏,朱晓果,等.学术情境试题的目标定位与编制策略[J].中国考试,2016(9):18-23.

第 4 章
学科纸笔测试工具的设计

小学德育质量监测的设计和开发,在解决了"测量什么"后,面对的又一个核心问题是:如何测量以及如何对测量结果进行量化?如果说,解决第一个问题"测量什么"是要确定考试的测量目标、行为目标以及内容领域,那么,解决第二个问题中的"如何测量"最重要的是确定考试的题型,确定题型对监测的设计以及教学方式有明显的影响。

4.1 纸笔测试工具的种类

我国的大规模教育考试一般都包括客观题和主观题这两种题型,常见的题型包括选择题、是非题、匹配题、填空题、简答题和材料分析题等。然而,在实践中两种题型的比例相差比较大。从国外的理论和实证研究看,客观题和主观题在测量相同的行为及其测量功能上存在很大的相关关系。

从目前的情况来看,小学德育质量监测由于研究起步较晚,许多问题的研究亟须进一步完善。比较适合小学德育进行质量监测的题型主要是单项选择题、简答题和匹配题,下面就针对这 3 种题型进行分析。

4.2 纸笔测试工具的特点

纸笔测试具有评分客观,易于施测与计分,题数多,涵盖面广,适用范围大,信度和效度高等优点,是最常用的评价方式之一。

4.2.1 单项选择题

4.2.1.1 选择题的分类

选择题是一种比较特殊的试题形式,特殊之处在于它由题干和备选答案两个部分组成。备选答案部分给出了供选择的几个(一般为 4 个)答案,要求学生经过观察、分析、必要的计算或推理等过程,从中找出符合题意的答案。一般认为,采用选择题,考题题量可以更多,知识的涉及面更广,而评分又比较简单、客观(可借助于计算机),便于分析错误,有利于对学生掌握的知识情况进行考查。选择题作为一种常用的客观性题型,从测量功能的角度看,可以测量最简单的行为目标,也可以测量比较复杂的行为目标。选择题又分为单项选择题和多项选择题,而小学阶段比较适合的题型是单项选择题。

4.2.1.2 单项选择题的测量功能

下面对单项选择题的主要测量功能进行分析,详见表 4-1。

表 4-1 单项选择题的主要测量功能

序号	主要功能	具体说明
1	测量对事实性知识的记忆和理解	(1)测量对一般事实性知识的记忆水平。对于小学道德与法治学科来说,基本的事实性知识还是非常重要的。这是一种最常见的测量方法。这种选择题最常用的动词包括"是""属于""有"等。 (2)测量对一般事实性知识的理解水平。对事实性知识的理解比记忆更加重要。题干一般给出了需要理解的内容,试题题干中的设问要求学生准确理解事实性知识
2	测量对基本观点的理解和应用能力	关键在于让考生在一种类似的或新的情境中,应用基本观点来解释问题。设计这类题目需要注意两点:一是设计好两种不同的情景(类似的和新的情景);二是要求解释的问题要明确,如解释因果关系、对事物做出评价等
3	测量辨别、选择和评价过程或方法的能力	在 2011 年版的品德与生活课程标准中有"过程与方法"的课程目标,在 2011 年版的品德与社会课程标准中有"能力与方法"的课程目标。测量学生对解决问题的过程和方法的辨认、选择、使用和评价能力成为重要的测量目标。利用选择题可以测量这方面的能力,不仅可以让学生从可能的方法和过程中选择最佳的方法或过程,而且可以让学生从可能的方法和过程中辨认正确或错误的方法或过程

4.2.1.3 选择题的设计

一道好的单项选择题,往往表现出短小精悍、考点明确、考查中肯和值得回味的特点。设计这种题型的试题,关键在于考查能力的目标明确、具体、集中,取舍得当、合理、有针对性,精心编制好题干与备选项。其在具体设计的过程中,需要处理好以下几个关系。

(1)取材与辅陈的关系。基于小学生的认知水平,取材涉及的知识点 1~2 个即可,关键是要服务于能力考查,且应注重基础和基本的知识作为能力考查的依托。

(2)知识与能力的关系。基于单项选择题的特点,在通常情况下不宜将两者并重,应该有所侧重;当侧重知识考查时,能力可以淡化些;当侧重能力考查时,知识的要求不宜太难。

(3)题干与选项的关系。处理好两者关系,首先必须安排好题干与备选项的分割和连接,关联词要准确明白,使整道题读起来通顺流畅;其次,干扰项的设置,应围绕学生可能出现的有代表性的失误进行编制,避免胡编乱凑,并在形式上与正确选项协调(类型相同,长短相称);最后,还要从逻辑上认真审视各选项之间的关系,避免不读题就能一下子排除错误选项的情况发生。

案例:截至 2021 年 7 月 31 日,福建被列入世界遗产的已达 5 项,其中位于泉州市境内的世界遗产是(　　)。

　　A. 鼓浪屿　　　　　　　　B. 福建土楼
　　C. 泰宁丹霞　　　　　　　D. 宋元中国的世界海洋商贸中心

(4)传统与创新的关系。单项选择题不能都是学生熟悉的老面孔,没有新意的题目,否则会降低试题的难度,难以保证测试的区分度。两方面的试题应各占多少比例才算合适,应根据测试的目标和学生的实际情况确定。

案例:电影《流浪地球》中的经典台词:"道路千万条,安全第一条,行车不规范,亲人两行泪",告诉我们(　　)。

　　A. 开车时才要遵守交通规则　　B. 遵守交通规则只是为了亲人
　　C. 人人都要有交通安全意识　　D. 违规行为必定导致交通事故发生

4.2.2 简答题

4.2.2.1 简答题的测量目标

一般意义上理解,主观题是指必须通过人工阅卷,教师根据对评分标准的理解进行评分的试题形式。目前,在小学道德与法治经常出现的主观题包括填空题、简答题以及问答题等。主观题的最大优势是能够测量各种比较复杂的行为目标。

王后雄认为,我国教育考试中主观题经常测量的复杂行为目标包括9个方面:一是辨认或汲取相关信息的能力和表达相关信息的能力;二是分析归纳或分析说明材料的能力,包括文字、图表、数据和关系材料;三是解释各种关系的能力;四是应用概念或原理解决问题的能力;五是提出、组织和表达观点的能力或用事实、资料支持观点的能力;六是陈述推理的能力;七是设计实验或调查程序的能;八是提出假设的能力以及对资料进行分析支持或驳斥假设的能力;九是对论点或观点进行评价的能力。[①]

基于以上专家的观点和小学生的认知能力水平,学科简答题测量的复杂的行为目标,可以概括为6个方面:一是辨认和表达相关信息的能力;二是分析说明材料的能力,包括文字、图表和关系材料;三是应用基本观点解决问题的能力;四是用事实和资料支持观点的能力;五是设计调查程序的能力;六是对观点进行评价的能力。

4.2.2.2 简答题的设计

简答题代表一种补充型的任务,要求受测者对某问题给予简短的回答。有人认为,简答题是最容易编制的题型之一,对于评价术语知识特别有用。简答题要求受测者在回答时,提供正确的答案,但绝不仅仅是再认或再现知识。

案例:天问一号(右图)是中国行星探测任务名称,该名称源于屈原长诗《天问》。2021年5月15日7时18分,天问一号探测器成功着陆于火星乌托邦平原南部预选着陆区。

---

① 王后雄.教育考试的理论与方法[M].北京:北京大学出版社,2011:123.

请写出这个名称蕴含了哪些中华优秀传统文化的元素。

说明：本题情境真实，语言表达简洁，呈现方式新颖。本题具有较高的开放性，通过考查中国优秀传统文化的运用能力和独立思考能力来展现小学生的文化自信，做到了在考查中融知识、情境和素养于一体。

4.2.3 匹配题

4.2.3.1 匹配题的特点

在某种意义上，是非题和选择题都属于匹配题。在是非题、选择题和匹配题 3 种题型中，一组反应选项与一组刺激选项（前提）相互匹配。区别在于，是非题和选择题只有一种前提（题干）以及两种或两种反应选项，然而匹配有多个前提和多个反应选项。对于匹配题，受测者要完成的任务是，把反应选项与正确的前提相互匹配。匹配经常是一对一（一个反应对应一个前提），也可能是一对多，多对一，或者多对多。当然，在具体的题目中，应该明确告诉学生答题的要求。

4.2.3.2 匹配题设计

和许多其他类型的题目相比，匹配题的编制更容易，使用的材料也更加多样和有效。在编制匹配题时，必须使选项同质，即所有的反应选项都是同类的，如日期、地点、姓名和事件等。李坤崇认为，在几种常见的重要关系中，与学科关联的有 8 个，分别是：①人物与成就配对；②时间与历史时间配对；③时期与定义配对；④法规与例子配对；⑤作者与书名配对；⑥信念与说明配对；⑦目标与目标名称配对；⑧组织部分与功能配对。[①]

关于编制匹配题，王后雄有 5 点建议：一是以清晰、合乎逻辑的格式安排前提和反应选项，前提写在左栏，反应选项写在右栏；二是如果使用 6～15 个前提，则反应选项应该比前提多 2～3 个；三是在前提前面标好连续数字，在反应选项前面标好字母（a、b、c 等）；四是明确指定匹配方法；五是把整个题目置于同一页。[②] 重新排列题是匹配题的一种特殊题型，如排序题，学生需要按照事先确

---

① 李坤崇.教学评估：多种评价工具的设计及应用[M].上海：华东师范大学出版社，2011:81.
② 王后雄.教育考试的理论与方法[M].北京：北京大学出版社，2011:145-146.

定的固定类别重新排列一组选项,按照从前到后(或者从高到低)的顺序重新排列一组选项。

4.3 试题背景材料的选择

义务教育质量监测命题最为重要的任务有两方面:一是选择合适的试题背景材料,二是根据背景材料的内容设计合适的试题。这是与 PISA 的测试理念和学科课程的发展思路相一致的。

4.3.1 PISA 题目情境特点及启示[①]

PISA 里的"situation"更多指作者撰写文本的用途,而不仅仅指地点或背景。尽管大部分的阅读是个人活动,但它还是有社会性的。阅读还涉及其他东西,如作者、话题以及设定任务的人(如教师)。情境包括提及的人和(在工作中阅读时)与阅读有关的物。也许在 PISA 中,"context"这个词更符合我们平时认为的"情境",它的来源很多,如其他学科、专业或职业领域、日常生活、社区生活和社会等。"situation 只是情境的一种形式。"PISA 非常强调情境的真实性,"如果情境存在于真实世界背景中参与者的实际经历和实践,那么这情境被认为是真实的"。真实性也恰恰是我们所认为的"情境"的最大特点。

事实上,PISA 中,situation 和 context 两个词也经常互用,都用来指情境。考试评价中试题情境的缺乏可能产生的负面影响是不可回避的。PISA 项目在情境的界定、分类,不同情境的比例分布以及情境的操作化上的做法可以为我们目前的试题"情境化"带来一些启示:第一是需要对试题的情境有一个明确的界定。从目前有关情境的文献看,对情境的界定是缺失的,但事实上,情境不像大家理所当然认为的那样,尤其是在了解了这些项目的情境定义之后。我们知道情境的定义并不像我们想象中的那样狭窄,因此需要对情境进行清晰、科学的界定。参考这些项目对情境的定义,真实性是情境的一个突出特点,这点已经有普遍的认识。情境是一个比较复杂的概念,从最宽泛的意义讲,情境可以

[①] 王湖滨. PISA 测试的"情境"及其带来的启示——大型国际教育评价项目对"情境"的述评[J]. 外国中小学教育,2014(1):8,13.

指所有的东西,但这样的情境对我们而言意义不大,我们需要一个范围适度且对我们真正有用的情境定义。第二是对情境的分类和分配要视不同的学科、不同的测试形式(纸笔测试还是计算机辅助测试)以及参加测试的学生年龄而定。

从这些大型国际教育评价项目来看,对不同学科、不同的测试形式以及学生的年龄,情境的分类一般都会有所不同,在情境的比例分配上更是如此,而且经常存在很大差异。第三是将抽象的情境操作化,指导命题者和教师出题。我们的很多标准和考试手册讲得都很抽象,没有具体到操作层面,因此对命题者和教师出题很难起到帮助作用。从大型国际教育评价项目看,将情境具体化和操作化有不同的方法,但将情境的要素进行分解,然后加上具体的描述和说明,这应该是一种比较可行的方法,值得我们思考和借鉴。

4.3.2 情境设置要结构化

高质量的监测工具,能够使学生的应答展现真实的素养水平,这在很大程度上取决于评价情境的创设是否巧妙,能否使每个学生在该情境中均愿意或必须真实地表现自己的素养发展水平。为此,应该对源于真实生活的情境进行有针对性的改写,在保留关键性事实与特征的前提下,剔除无关紧要的细枝末节,创设信息支持充分的评价情境。

而背景材料可以划分为简单情境、一般情境、复杂情境和具有挑战性的复杂情境4种。这种划分,为命题研究提供新的维度和参考,也为小学道德与法治的教学和评价提供新的思路。

4.3.3 学科试题背景材料的选择

王后雄认为,试题背景材料选择有7个方面基本原则:一是背景材料应该与考试测量目标以及试题测量的行为目标相关;二是背景材料应该与考生的学习经历和生活经历相适应;三是背景材料提供的信息类型应避免对考生成绩的影响;四是背景材料的信息量由考试的测量目标和完成考试的时间限制来决定;五是充分考虑试题背景材料提供的信息与应答之间的关系;六是背景材料的呈现方式应该多样化;七是对背景材料的修改应该以正确、简明、与测量目标相关性更大为原则。[①]

基于以上分析,小学道德与法治学科试题背景材料选择,可以概括为4点:一是背景材料应该与试题测量的行为目标相关;二是背景材料及其修改应该与小学生的生活经历相适应,具有时代性;三是背景材料的信息量不宜太多,提供的信息与应答之间有关系;四是背景材料的呈现方式应该以图表为主、文字表述为辅。

4.4 试题科学性的理解

众所周知,任何一种教学活动最终都要回归到教学目标的落实和反馈上。教师要检测教学目标的达成情况,就必须学会选择与设计科学、有效的试题,只有这样才能鉴别自己教学的优劣,诊断并矫正学生的学习情况。试题命制必须遵循一系列原则,其中科学性是最为关键的。提到试题的科学性,一般首先会考虑是否有错题、超纲题,是否出现了材料、答案有争议的问题。再深入点,可能会考虑测试内容的覆盖面如何,各知识点所占的比例是否恰当,试题内容的选择是否合理,是否考查了主干知识,各层次行为目标所占的分数比例是否恰当等。这些固然是试题科学性的应有之义,但笔者认为,衡量试题科学性还必须考虑以下指标。

4.4.1 难　度

顾名思义,难度是指试题的难易程度,它是衡量试题质量的一个重要指标参数。一般认为,试题的难度(P)=某题得分的平均分数(X)/该题的满分(W),P值越小表明试题越难,P值越大表明试题越容易,P最小值为0,最大值为1。正常情况下,P在0.3～0.7之间比较合适,整份试卷的平均难度最好在0.5左右,高于0.7和低于0.3的试题不宜太多,否则试题会因缺乏梯度,而影响其他指标的落实,并影响考试的科学性。

[①] 王后雄.教育考试的理论与方法[M].北京:北京大学出版社,2011:128-130.

4.4.2 区分度

区分度是区分应试者能力水平高低的指标。一般可以用区分度 $D = (X_H - X_L)/X$ 计算，X_H 表示高分组某试题的平均分，X_L 表示低分组某试题的平均分，X 为该题的满分。试题区分度高，可以拉开不同水平应试者分数的距离，而区分度低则反映不出不同应试者的水平差异。试题的区分度与试题的难度直接相关，通常来说，中等难度的试题区分度较大，区分度指数高于 0.3，试题便可以被接受。

4.4.3 信 度

信度即考试结果的可信程度，它反映考试成绩与考生真实水平的一致性。

信度反映了检测工具的可靠性、稳定性，对相同事物进行反复测量且结果越是一致，说明检测工具的信度值越高，检验结果越真实。SPSS 采用 Cronbach'α 系数，计算出来的信度数值范围在 0~1 之间，数值越大说明信度越高，学术界认为 0.8 以上的问卷才有调查价值，0.9 以上的信度被视为最佳调查问卷。在初测时，如果信度不高，则需要修改问卷题目。一般情况下，α 数值随题目数量的增加而增加；如果删除部分问题反而使得 α 系数提高，说明剔除的问题与其他题目相关性很少，所以删除这部分问题反而使整一份问卷的总相关性提升了。①

4.4.4 效 度

效度是指能够测试出它所要测试的东西的程度，即测试结果与测试目标的符合程度。小学道德与法治学科测试坚持能力立意，一般强调考查考生的思想政治立场与态度及想象力、观察力、分析力、判断力和创造力等，如果最终是死记硬背获得高分，那么考试效度就不甚理想了。

---

① 段圆圆. 教育调查问卷设计的基本原则及信效度检验方法[J]. 教育现代化, 2019(28)：103.

4.5 监测试题难度调控

试题难度是教育测量的重要技术指标,直接关系到质量监测的结果是否科学有效,因此对试题难度影响因子和认知诊断属性进行系统研究非常重要和必要。

4.5.1 试题难度预估的分析方法[①]

以过去历届质量监测试题为样本,对预估难度、试测难度和实测难度进行对比分析发现,难度影响因子主要有情境复杂性和新颖性、知识综合性、能力层次性、思维过程性、条件显隐性和干扰性、题型设问性等。

(1)情境复杂性和新颖性。一般来说,试题情境越复杂、越陌生,试题难度越大。

(2)知识综合性。学生从条件出发到问题解决过程中涉及知识的回忆与再现、迁移与应用,如果涉及的知识点越多,上述过程的难度就越大。

(3)能力层次性。安德森教育目标分类(修订版)将认知分为6个维度:记忆、理解、应用、分析、评价和创造。通常情况下,能力层次水平要求越高,试题难度越大。当然,这两者之间并不是一个简单的正相关关系,有时记忆水平的试题难度可能也很大,特别是在考查的知识内容非常冷僻和琐碎的情况下。

(4)思维过程性。试题解答都需要经过缜密的思维过程,要求学生能够基于试题中呈现的事实、证据或条件,运用归纳与概括、演绎与推理、质疑与批判等思维方法解决问题。思维链条中的环节越多、跨度越大,试题难度就越大。

(5)条件显隐性和干扰性。试题中条件信息越隐蔽,越具有干扰性和迷惑性,学生解题就越困难,试题难度就越大。

(6)题型设问性。不同题型设问方式不同,相同题型的不同设问方式,都会影响试题难度。从题型角度来说,是非判断题、选择题、填空题、简答题和问答题,其难度一般是逐渐加大的。在问答题中,实验设计题或分析评价题,学生普

[①] 吴举宏.区域学业质量监测试题难度调控策略——以江苏省义务教育生物学科学业质量监测为例[J].生物学教学,2017(12):43-45.

遍感觉到非常棘手,常常力不从心,这主要与教学难点、薄弱点,以及试题能力要求较高有关。

4.5.2 试题难度的调控策略

4.5.2.1 从情境维度调控试题难度

从情境维度调控试题难度,主要从情境熟悉程度、情境的复杂性和新颖性来分析,详见表 4-1。

表 4-1　从情境维度调控试题难度

难　度	情境熟悉程度	情境复杂性	情境新颖性
难度小	情境熟悉	情境简单	—
难度中	—	情境较复杂	情境较新颖
难度大	—	情境复杂	情境新颖

4.5.2.2 从知识维度调控试题难度

从知识维度调控试题难度,主要从知识点多少和知识点跨度大小来思考,详见表 4-2。

表 4-2　从知识维度调控试题难度

难　度	知识点	知识点跨度
难度小	1 个知识点	—
难度中	2～3 个知识点	跨度小
难度大	3 个以上知识点	跨度大

4.5.2.3 从能力维度调控试题难度

从能力维度调控试题难度,可从认知能力水平和实践能力两个方面进行,而这两个方面又会经常交织在一起共同调节。具体调控策略见表 4-3。

表 4-3　从能力维度调控试题难度

难　度	认知能力水平	实践能力
难度小	识记	基本实践技能

续表

难　　度	认知能力水平	实践能力
难度中	理解	验证性实践
难度大	应用	探究性实践

4.5.2.4 从思维维度调控试题难度

思维过程的主要因素有知识点之间的混淆和干扰、思维障碍和解题步骤多少等。因此，从思维维度调控试题难度可从上述因素加以考虑，见表 4-4。

表 4-4　从思维维度调控试题难度

难　　度	知识混淆和干扰	思维障碍	解题步骤
难度小	干扰小	障碍少	1 个思维步骤
难度中	干扰中	障碍较多	2～3 个思维步骤
难度大	干扰大	障碍多	3 个以上思维步骤

4.5.2.5 从设问维度调控试题难度

其基本要求是：各小题之间不能有强烈的提示作用，不能相互干扰而产生负迁移。设问方式不同，试题难度不同，不仅表现在系列设问的序列和跨度上，还表现在题型设计、设问的指向性和开放性上。从设问维度调控试题难度的具体思路见表 4-5。

表 4-5　从设问维度调控试题难度

难　　度	设问指向	设问开放性	设问跨度	题　　型
难度小	清晰	小	小	单选题、判断题
难度中	较清晰	一般	中	简答题、填空题
难度大	不清晰	大	大	简答题、多选题

需要特别说明的是，由于情境、知识、能力、思维和设问每个维度下还存在数个子要素，因此各子要素不同程度上相互之间搭配组合，可以使试题难度产生不同的中间状态，而不是上述 5 个调控策略表中仅仅只有难度大、中、小 3 种状态，命题者可以根据需要选择组合。除了上述调控策略，还可借鉴 PISA 项目的有关技术方法，通过学生访谈、试测、分层分级代码评价等方法调控试题

难度。

4.6 简答题评价指标

从提升小学道德与法治学科教育教学质量看,改进学业评价水平至关重要。下面立足道德与法治学科纸笔测试,尝试从表现性评价视角,为改进学科简答题评价提供一些新的思考和评价指标的建议。

4.6.1 简答题评价指标重构的源起

建立核心素养视野下的简答题评价,使评价更聚焦人的成长价值,凸显"反馈、导向、预见、改进"的功能,是当前落实立德树人、全面提升学生素养的需要。这就需要对原有的评价指标进行重构,使学科评价从单纯关注知识掌握程度向综合素质转变,把学科素养与基于本学科学习中形成的一般性学习素养,如学科思维、书面表达等元素结合起来,统筹考虑,确定多样化、多元化的评价指标。

当前,小学道德与法治学科简答题评价大致分为3种:一是采意得分,即根据学生答案的意思与参考答案的符合程度进行评分。这一评分方式因指标不具体,导致评分差异过大,影响考试信度,同时也导致学科性知识(观点)的淡化。二是采点得分,即根据学生答案中运用学科知识观点的数量和质量与参考答案中的吻合程度进行评分。这一评分方式能够突出学科性特征,减少评分主观性,故而被普遍运用。但采点得分导致学生之间的学业差距主要表现为考试中反映出知识观点的多少,忽略了学生思考、组织、表达等简答题所关注的特殊领域情况。三是采意与采点相结合,即兼顾采点与采意的长处。但从具体实践来看,这一方式主要指标还是注重知识层面考查,容易造成对学科学习要求的窄化。面对这一局面,就必须构建较为全面、系统、科学的评价方案。

表现性评价试图构建一个真实或模拟的生活情境,以观察学生处理问题的能力,更加关注学生的情感态度价值观,以及在处理问题时所表现出的多方面能力情况。笔者在表现性评价研究中,逐步认识到表现性评价的基本思路和要求可以引入纸笔测试的简答题评价中,根据立德树人的课程教学追求和简答题、学生答题过程与结果的特征,依据表现性评价一般要求,运用可观察的学习结果的结构(structure of the observed learning outcome,SOLO)评价理论系设计评价指标,将评价指标融入试题中虚拟的情境任务,通过对学生答案的多维度分析,形成相对科学的评价结论,从而使简答题评价更加客观全面、科学,也更加显性化。

4.6.2 简答题评价指标的构建

表现性评价视域下简答题评价指标的构建,是表现性评价理念在具体学科纸笔测试中运用的有益尝试。该指标立足全面体现课程特征和课程学习真实图景,全面评价学科素养和学习素养的情况,立足立德树人,促进学生可持续发展,优化小学道德与法治简答题评价体系,促进简答题的命制与科学评分的不断改进。

4.6.2.1 简答题表现性评价的基本方案

从学科素养和一般性学习素养的关系看,学科素养和一般性学习素养是相互统一的。学科素养的提高,有利于一般性学习素养的培养;一般性学习素养提高了,能够促进学科素养的提升,这两个方面能比较客观地还原学生的学习过程,符合学科培养人的基本要求。要全面、科学地评价学习情况,离不开这两个主要领域。要从技术角度使评价结果更为科学,评价体系需要兼顾学科素养评价和一般性学习素养的评价。借助表现性评价技术,可以将这两个领域具体化为可观察的指标。在具体实践中,我们提炼形成了学科简答题表现性评价方案(表4-6)。这些具体指标具有学科特征和简答题特征,抓住了科学评价体系中最重要的内容,是对以往评价方案的继承和发展,实现了从传统评价中只重视学科性指标向兼顾学科性素养指标和一般性学习素养指标的超越[①]。

表 4-6 小学道德与法治学科简答题表现性评价方案

评价领域	评价维度	核心指标	具体要求
学科素养	A. 学科性学习情况	A1 知识(观点)应用	基于情境任务调用学科主干知识的情况(适切、适量)
		A2 学科思维	完成情境任务中学科思维运用情况(角度适宜、过程合理)

---

① 王小叶. 思想政治理论课主观性试题评价指标优化探索——基于表现性评价视域[J]. 基础教育课程,2019(21):59-61.

续表

评价领域	评价维度	核心指标	具体要求
学科素养	A. 学科性学习情况	A3 情感、态度价值观	完成情境任务中表现出的情感、态度和价值观的情况（价值判断）
学习素养	B. 情境任务理解情况	B1 准确性	对情境任务理解的准确程度
		B2 完整性	对情境任务中各项具体要求的完成情况
	C. 表达情况	C1 表述规范	书面表述的规范清晰程度
		C2 内容简明、条理	表述内容的条理简明程度

4.6.2.2 简答题的表现性评价内容指标解析

基于表现性评价视域形成的小学道德与法治学科简答题答案评价方案是一个有机统一的系统，具体内容指标既相对独立又相互关联，从而能较为全面地评价学生学业情况。

第一，关于评价领域的确定。小学道德与法治简答题表现性评价方案中评价领域包括学科素养和学习素养两个方面，学科素养领域指向学生学科性学习情况；学习素养领域指向基于学科性学习所形成的一般性学习素养情况。这样确定评价领域，一是依据简答题考查需要和特征；二是依据全面客观评价学生学业状况，促进学生持续发展的需要。这样确定可以把复杂的评价内容进行合理归类，清晰地划分为两大领域，这既便于厘清评价内容，突出重点，也便于教师理解和实际操作。

第二，关于评价维度的确定。在确定评价领域的基础上，我们根据不同评价领域所应关注的内容和重点，结合小学道德与法治简答题考查的重点指标，形成了学科性学习情况、情境任务理解情况、书面表达情况3个评价维度。学科性学习情况归属于学科素养领域（因小学道德与法治学科未形成学科核心素养，故而现阶段界定为学科性学习情况，未来可替换为核心素养达成情况）。这一维度主要评价学生学科性课程内容要求的学习情况，要评价学生答案中所表现出的日常学科学习中所获得的知识观点和思维方法等成果，是确保考试评价中道德与法治学科性特征的关键，在3个维度中占有较重位置和较大权重。在实际操作中，每个维度约占20%的权重。

情境任务理解情况和书面表达情况这两个维度归属于学习素养领域。其中情境任务理解情况维度主要关注学生对试题所呈现的情境任务的解读和完成情况,即"问什么、答什么,怎么问、怎么答"等任务完成的情况。这一基本学习素养既是跨学科的,同时不同学科又有其具体要求,这一维度要求也是学生在现在和未来学科学习中必备的,故而不可或缺。这一维度是评价学生答案的首要维度,答案必须符合问题的要求是基本要求。在具体操作中,我们赋予这一维度约20%的权重。书面表达情况维度主要关注学生答案中学科性书面表达的情况,即是否规范、清晰、有条理等。书面表达这一一般性学习素养,不同学科也有不同要求,也应成为道德与法治学科简答题答案评价的必备内容。学生学科性学习和情境任务理解等情况最终以书面表达的方式呈现,因而是学生答题情况的重要组成部分,应予以客观评价。在实际操作中,我们赋予这一维度约20%的权重。

以上3个评价维度是小学道德与法治学科简答题答案的3个最主要表征。它的确定,一是对两大评价领域的进一步具体化;二是对简答题评价内容重点的进一步清晰;三是明确了学生答案表现性评价的维度和权重,更便于实际操作。3个维度各有归属,各有侧重,相对独立,同时又相互关联、相互交融于学生具体答案中。不同维度的赋分权重可根据具体题目的要求及所要达到的考试目的、教学导向等因素进行调整。

第三,关于核心指标和具体要求的确定。根据不同维度的评价要求和重点,结合简答题答案的一般特征,我们提炼形成了7个表现性评价的核心指标(表4-7)。

表4-7 简答题表现性评价的核心指标和具体要求

维度	核心指标	具体要求	说明
学科性学习情况	学科知识(观点)应用指标	一是关注知识(观点)是否适切,即知识(观点)运用的恰当性和精准性;二是关注知识(观点)是否适量,即答案中知识(观点)的数量是否适中	
	学科思维的指标	主要评价学生答案所表现出的解决情境任务时的学科思维情况。这一指标里,一是关注思维角度是否适宜,及思维角度选择的科学性;二是关注思维过程是否合理,及思维方法选择和应用情况	在实际操作中,因学科知识(观点)应用和学科性科学思维两个核心指标难以分割,可以合并评价

续表

维度	核心指标	具体要求	说明
学科性学习情况	内容蕴含价值观指标	主要评价学生完成情境任务所表现出的情感、态度和价值观，以及关注国家方针政策的实现情况。这一指标中，一是关注学生答案中是否存在政治性、方向性、立场等方面的偏差；二是关注学生答案中应有的是非、善恶、对错、好坏等基本价值判断是否正确	这一核心指标的确定为探索纸笔测试中，科学评价学生情感、态度和价值观情况提供了有益的尝试
情境任务理解情况	准确性	这一核心指标具体要求是评价学生答案中所表现出的对情境任务理解的准确程度，即能否把握情境任务的核心和关键要求，主要关注答案与情境任务的匹配程度	
	完整性	这一核心指标主要评价学生答案是否完整地完成了情境任务中的具体不同要求，即完成不同情境任务要求的程度，主要关注学生回答问题的完整程度	
书面表达情况	书面表达的规范性清晰程度	这是书面表达的基础性指标，具体要求是评价学生书面表达形式层面是否做到了书写规范清晰、易于阅读	这两个核心指标旨在引导和培育学生形成科学的学科性表达素养，防止和减少以往答题中呈现出的书写潦草、逻辑混乱、胡乱堆砌等书面表达方面的问题
	内容条理简明程度	主要指向评价学生答案是否有条理，简明表达观点、阐述问题等，这是带有鲜明的道德与法治学科特征的基础性学习素养，具体要求是评价学生答案是否有条理，表达是否流畅、是否简明扼要等	

从实践看，表现性评价视域下简答题评价指标的确定，不仅要考虑指标的科学性、评价结果的精准度，还需要立足于学生在纸笔测试中出现的问题。下面以一道简答题为例，对该评价设计的具体操作做进一步说明。

材料一：从青春岁月到耄耋之年，甘祖昌夫妇用无言的行动践行自己平凡的誓言：活着就要为国家做事情，做不了大事就做小事。1957年8月，开国将军甘祖昌主动辞去领导职务，回乡务农，夫人龚全珍相随而归。他们生活上十分节俭，把大部分的收入用来修水利、建校舍、捐款救灾、资助贫困学生……

材料二："共和国勋章"获得者、"杂交水稻之父"袁隆平说："人就像一粒种子。"他是一位真正的耕耘者。当他还是一个乡村教师的时候,已经具有颠覆世界权威的胆识;当他名满天下的时候,却仍然只是专注于田畴。淡泊名利,一介农夫,播撒智慧,收获富足。他毕生的梦想,就是让所有人远离饥饿。

问题:根据上述榜样的共同之处,结合所学知识,写出他们心中坚守的道德准则两条。

评分说明:本题共9分,其中学科性学习情况6分,以学科素养分呈现;情境任务理解和书面表达情况3分,以综合评价分呈现,具体评分要求见表4-8。

表 4-8 简答题评价细则

\\	\\	\\	评分细则(本题共 9 分)
学科素养（6分）	A. 学科性学习情况	A1 知识（观点）应用	A1、A2 合计 6 分:能够基于情境任务精准调用学科主干知识;能够准确运用学科思维完成情境任务。就本题来说,答案要能运用所学知识合理分析共同之处,每点 3 分,最多 6 分;只是正确运用所学知识孤立分析两者行为,未指出共同之处,每点 1 分,最多 3 分;结合共同之处,但运用知识不精准、不具体,每点得 1 分,最多 3 分;如果没有运用知识,但合理运用自己的经验来阐述共同之处,每点得 1 分,最多 3 分。特别提醒:本题具有开放性,除参考答案中所给知识、观点角度外,还可以从"活出生命的精彩、传播践行社会主义核心价值观"等角度回答
		A2 学科思维	
		A3 价值观	能够表现出对榜样认同、赞扬的态度,如出现价值观不正确的情况扣除 1~2 分
学习素养（3分）	B. 情境任务理解情况	B1 准确性	B1、B2 合计 2 分:紧扣设问明确,说明道德准则,答出 1 条得 1 分,最多 2 分
		B2 完整性	
	C. 书面表达情况	C1 规范表述	表述简明、清晰、有条理 1 分(回答简明,超过规定知识点之外 3 个扣 1 分;分析过于烦琐或字迹过于潦草扣 1 分)
		C2 内容简明、条理	

表现性评价作为传统纸笔测试评价形式的有效补充,常表现为活动形式的评价,而基于表现性评价视域下简答题评价指标的优化,为传统纸笔测试和表现性评价的融合提供了可能。从道德与法治学科角度看,这样的尝试正是对学

科评价形式的完善,也充分体现了学科的德育性特征。这除了体现在形式上的完善,还体现在对学科评价量规上的补充。道德与法治学科传统的评分量规主要包括采点给分、采意给分等。简答题表现性评价方案中的两个维度和7个核心指标的确定,特别是其中关于价值观情况、情境任务理解、书面表达等在表现性评价中具备特定功能量规的提出,丰富了道德与法治学科纸笔测试中的评价量规,丰富的评分量规必将会提升评价结果的信度和效度。

4.7 典型案例分析[①]

本案例以统编版小学《道德与法治》三年级下册《我的家乡在哪里》一课作为素材,考查的知识点为认识地图。《义务教育品德与社会课程标准(2011年版)》中"四、我们的社区生活"里的第1条课程内容是"能够识读本地区(区、县、市)、旅游景区等小区域的平面示意图。正确辨认区域地图上的简单图例、方向、比例尺"。《义务教育品德与社会课程标准(2011年版)》在对应的教学活动建议中要求:"在地图上查找本地区(区、县、市、省)及省会城市的方位。开展认识地图的活动和查找地名的比赛。"统编版小学《道德与法治》教材三年级下册《我的家乡在哪里》一课中内容的呈现反映了课程标准中的这一要求。教材第43页的设问更是具体反映:你能在地图上找到你家乡所在的省级行政区吗?找到后描一描它的轮廓,想象一下它像什么。请试着在地图(图4-1)上找到你家乡的邻省(自治区、直辖市、特别行政区)。

4.7.1 学生学习掌握程度的评价

仅仅凭记住家乡及其所在的省级行政区名称肯定是不够的。就"我的家乡在哪里"而言,通过课堂教学活动,学生会在地图上找到自己家乡所在的位置只是预期的教学目标之一,还需要对家乡所在的省级行政区和邻近省份有进一步的理解和把握。认识家乡在哪里,至少需要解决三大问题:一是需要知道家乡

[①] 高本光,郑云清.学科实践性作业评价的关键:内容要求、水平层次[J].福建教育,2021(12):35-37.

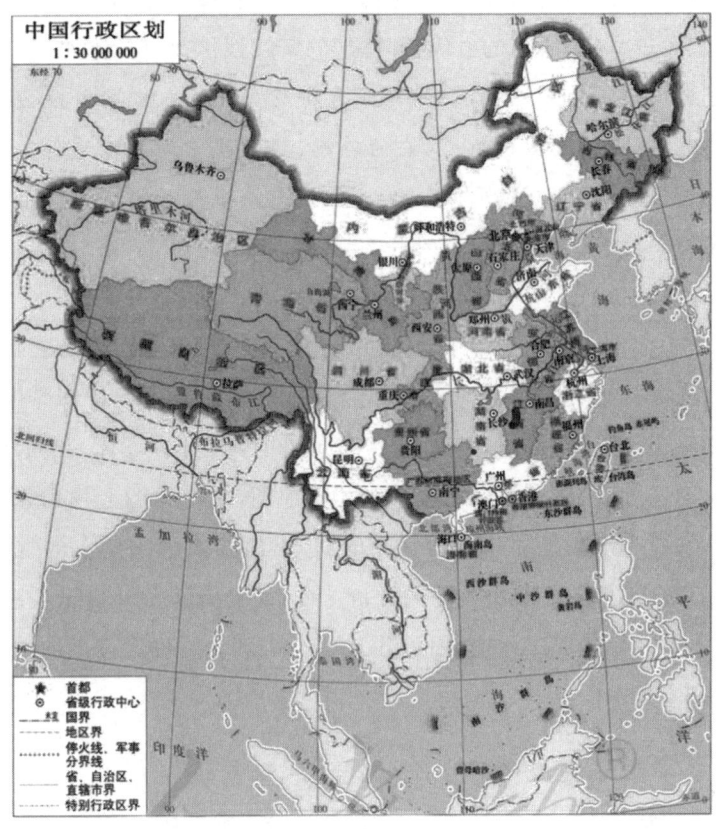

你能在地图上找到你家乡所在的省级行政区吗？找到后描一描它的轮廓，想象一下它像什么。请试着在地图上找到你家乡的邻省（自治区、直辖市、特别行政区）。

图 4-1　中国行政区划[①]

的名称；二是在地图上找到家乡所在的省级行政区；三是还需要进一步了解家乡所在的省级行政区轮廓特征及找到家乡的邻近省份。当然，学习了这些问题（内容要素）后，不同的学生结果肯定是有差异的。选择合适的评价工具和基于

---

① 教育部组织编写．义务教育教科书《道德与法治》三年级下册[M]．北京：人民教育出版，2018：43．

上述思考,在三年级下册《我的家乡在哪里》教学时,基于教材中的问题,修改和设计了一道关于"老家所在的省级行政区"的实践性作业。具体如下:

师:小朋友们,你们知道自己的老家在哪里吗?请在中国行政区划图中找到老家所在的省级行政区,描一描它的轮廓,找一找它的邻近省份。还可以与同学或家人讨论一下这个轮廓像什么,并给它起一个好听的名字。

(备注:1. 工具准备:彩笔,纸张。2. 提示:准备一张中国行政区划图,选择合适的笔进行描绘。)

面对学生们交上来的一份份图文并茂的实践性作业,在欣喜之后,许多教师肯定会有这样的苦恼:如何对这些作业进行合理的评价?从答卷上看,大部分学生态度认真,答案虽然不全面,但大都能针对问题作答,有一定的读图和绘图技能;从内容上看,许多学生不仅学会了看地图,能在地图上找到老家所在的省级行政区的位置,而且加深了对家乡的认知,能描出老家所在的省级行政区轮廓,并展开合理想象。解决这样的评价苦恼,需要借助 SOLO 分类理论,对学生完成的作业进行分层次评价,因为 SOLO 分类理论为确定复杂的学习过程层次提供了一个通用框架。

4.7.2 学生可能出现的水平状态

为了明确学生是否掌握"我的家乡在哪里"这部分教学内容的核心知识以及是否达到《义务教育品德与社会课程标准(2011年版)》的教学要求,需要对学生在这 3 个内容要素方面的理解程度做评价,并明晰其所处的能力水平。南京师范大学喻平教授认为"学科知识在学习中的表现形式为知识理解、知识迁移、知识创新三种形态"。根据前面给出的 3 个内容要素:知道老家名称、找到老家所在省级行政区、描出其轮廓以及对其进行合理想象并找到邻近省份,结合喻平教授提出的 3 种形态表现形式以及 SOLO 分类理论,可以拟定学生在"老家所在的省级行政区"可能出现的 3 个不同水平(表 4-9)。

表 4-9 "老家所在的省级行政区"实践性作业中学生可能出现的 3 个水平

水平层次	内容要素	具体描述
水平一	大致知道老家所在的省级行政区	写出老家所在省级行政区,却不能找到其大致轮廓

续表

水平层次	内容要素	具体描述
水平二	知道老家所在省级行政区;能描出其大致轮廓,找到部分邻近省份	写出老家所在的省级行政区;能找到其大致轮廓,并能描出其轮廓,找到的邻近省份不全
水平三	知道老家所在省级行政区;能找到轮廓,描出轮廓并有合理想象,起一个好听的名字;找到邻近省份	写出老家所在的省级行政区;能找到其轮廓,描出其轮廓,并能写出对轮廓的合理想象,有一个好听的名字;找到全部的邻近省份

需要说明的是,关于以上的水平划分,有一种特殊的情况是:有的学生作业没有一项内容达到上面表格中所列的任何一个水平,也就是对于老家所在的省级行政区的3个内容要素一个都没有掌握。这就是SOLO分类学上的前结构水平,而水平一、水平二、水平三则对应单点结构、多点结构和关联结构水平。完成学科实践性作业的内容要素与水平层次划分的框架设计后,就可以据此对学生上交的作业进行具体的评价。

完成以上这道题目,找到自己老家所在省级行政区只是第一步,但要达成描出轮廓并能对其进行合理想象和找到邻近省份是有难度的。统计发现,有一部分学生的答案是基本上掌握了"老家所在的省级行政区"的3个内容要素的要求,可以说是达到水平三。教学中,如果仅仅停留在让学生说出老家名称及找到老家所在的省级行政区,而不要求学习前面提到的"老家所在省级行政区"的3个方面内容要素,容易造成学生理解上的困难和学习的深度发生。从题目的内容要素角度入手,划分能力水平层次,评价思路会更加清晰,能力培养的方向性会更明确。为了进一步说明如何根据内容要素进行水平层次的划分,下面根据学生完成以上题目中出现的其他案例来做更深刻的分析(表4-10)。

表4-10 "老家所在的省级行政区"实践性作业中学生实际达到的水平层次

序号	具体内容	所处水平
案例1	写出老家所在的省级行政区,没有在地图上描出其大致轮廓	知道老家所在省级行政区,却不能在地图上描出其大致轮廓
案例2	写出老家所在的省级行政区,在地图上圈出其名称	

续表

序号	具体内容	所处水平
案例3	写出老家所在的省级行政区,在地图上找到其大致轮廓,描出其大致轮廓	知道了老家所在的省级行政区;能找到其轮廓,描出其大致轮廓
案例4	写出老家所在的省级行政区,在地图上找到其大致轮廓,描出的轮廓基本完整	
案例5	写出老家所在的省级行政区及其邻省名称,在地图上描出其大致轮廓,对其形状有合理想象,有一个好听的名字;找到邻近省份	知道了老家所在的省级行政区;能找到其轮廓,并能描出其轮廓,对其形状有合理想象,有好听的名字,找到邻近省份
案例6	写出老家所在的省级行政区,在地图上描出完整轮廓,对其形状有合理想象,起了一个好听的名字;找到全部邻近省份	

以上的6份案例都可以找到对应的能力水平。但是,有一小部分学生在完成"老家所在的省级行政区"实践性作业的过程中,能找到其所在位置,并能找到其轮廓,但只能部分描出其所在省级行政区轮廓等情况。在现有的水平层次划分中,这种水平层次的学生应该属于水平一还是水平二,难以界定。水平一指学生找到了其所在位置,但不知道如何描出轮廓;水平二指学生找到老家所在省级行政区后,能找到其轮廓,并能描出轮廓。因此,应该在水平层次划分上增加一个介于水平一和水平二之间的水平,使水平层次的划分更加清晰和更具操作性,可以定为"水平一↑"。设置"水平一↑"的具体原因还在于学生的答案中可能有一种情况,即在水平二内容要素里的第二部分有两个具体内容,如果学生只完成了其中一点,那并没有完全达到水平二,但又比水平一高一些。当然,还需要把3个内容要素都没有掌握的极少部分学生作为一种水平层次。修改后,笔者将"老家所在的省级行政区"划分为5个不同的水平层次(表4-11)。

表4-11 "老家所在的省级行政区"学生可能出现的5个水平

水平层次	内容要素	具体描述	赋分
水平0	没有包含任意内容要素	不具备任何水平,不知道老家及其所在的省级行政区	0分
水平一	知道老家名称及其所在的省级行政区	写出老家及其所在的省级行政区,却不知道其轮廓	1分

续表

水平层次	内容要素	具体描述	赋分
水平一↑	知道老家所在的省级行政区,但不能描出其完整轮廓	写出老家所在的省级行政区;能找到其大致轮廓,且部分描出其轮廓	2分
水平二	知道老家所在的省级行政区;能找到其轮廓,并能描出其轮廓	写出老家所在的省级行政区;能找到其轮廓,并描出其完整轮廓	3分
水平三	知道老家所在的省级行政区;能找到其轮廓,正确描出其轮廓,对轮廓有合理想象,起了一个名字;找到邻近省份	写出老家所在的省级行政区;能找到其轮廓,正确描出其轮廓,并能对其形状有合理想象,有好听的名字;找到全部邻近省份	4分

上述关于"老家所在的省级行政区"的3个内容要素不同水平划分,层次和要求已经相当明确,从单纯的知识学习到知识理解和知识迁移,再到知识创新,是呈阶梯式上升的。基于以上分析,学科实践性作业相应的5个水平层次可以这样赋分:水平0为0分,水平一为1分,水平一↑为2分,水平二为3分,水平三为4分。完成对班级每个学生的实践性作业评价赋分后,还可以对该班级的得分情况进行更加系统的量化分析,这样,不仅可以更好地了解任教班级学生在学习相关内容要素上所处的能力水平层次,还可以为学科教学的改进提供有针对性的数据支撑。

4.7.3 进一步的思考

实践是马克思主义哲学的核心,是人的自觉、能动的活动。小学道德与法治学科是学校思想政治课的重要组成部分,注重实践性是小学道德与法治学科的显著特点。通过学科实践性作业达到知行统一的教学效果,有效实现小学生将道德认知内化为道德行为,一直是学科教师关心的问题。因此,不管是哪种类型的表现性评价,都应当思考以下3个问题:一是如何界定学科实践性作业评价的内容要素,建立一个可操作性强的评价框架;二是学科实践性作业评价如何根据其内容要素科学划分表现性水平层次,而不是凭学科教师的已有经验来划分学生的学习水平;三是如何基于学科实践性作业的结果评价,明晰学生所处的能力水平,提升学生的学科核心素养。只有这样,才能实现教与学及其测评的一致性,不仅帮助学生在评价中学习,做到知行合一、内化于心外化于行,而且推动学科教师开展精准教学,更好地发挥表现性评价的育人功能。

参考文献

[1] 王后雄.教育考试的理论与方法[M].北京:北京大学出版社,2011.

[2] 李坤崇.教学评估:多种评价工具的设计及应用[M].上海:华东师范大学出版社,2011.

[3] 段圆园.教育调查问卷设计的基本原则及信效度检验方法[J].教育现代化,2019(28):103.

[4] 吴举宏.区域学业质量监测试题难度调控策略——以江苏省义务教育生物学科学业质量监测为例[J].生物学教学,2017(12):43-45.

[5] 王小叶.思想政治理论课主观性试题评价指标优化探索——基于表现性评价视域[J].基础教育课程,2019(21):57-66.

[6] 王湖滨.PISA测试的"情境"及其带来的启示——大型国际教育评价项目对"情境"的述评[J].外国中小学教育,2014(1):8-14.

[7] 高本光,郑云清.学科实践性作业评价的关键:内容要求、水平层次[J].福建教育,2021(12):34-37.

[8] 教育部组织编写.义务教育教科书《道德与法治》三年级下册[M].北京:人民教育出版,2018.

第 5 章
学科表现性评价工具的设计

传统的纸笔测试不论是选择题、填空题,还是简答题,都要求学生在提供的多个答案里进行选择或者对问题做出简短的回答。这些题目类型可以有效地评价学生对事实性知识、基本概念和简单技能的掌握情况。但是,过多地考虑考试实施的可操作性和评分的客观性,评价内容过于强调对基本知识和基本技能的训练,却很难触及小学生的身心健康、人格的完善和高阶思维能力的培养,给学生的学习与成长带来很多负面的影响。随着对单一纸笔测试的不足的认识日益加深,考试评价改革受到越来越多的重视。表现性评价作为一种评价方法并不是什么新鲜事,人们积极探索、努力实践表现性评价,正是因为表现性评价能够检测传统纸笔测试难以检测的高级认知能力、情感态度价值观等重要教育结果,更能对学生的学习和教师的教学构成积极的影响,更好地促进学生的学习与成长。

5.1 表现性评价的理解

5.1.1 表现性评价的困境和魅力

表现性评价遇上核心素养,正在受到越来越多教师的青睐,这是不争的事实。但是,在实践中,也遇到了不少困难,表现为 3 种情况:一是有些教师是"怕做",被"表现性评价"概念辨析折腾得不敢做,总是在问"我这个算不算表现性评价";二是有些教师是"怕不做",并没尝到表现性评价的甜头,但好像不说自己在做表现性评价就会有"不时尚"的嫌疑;三是更多的教师是"不会做",看看书上说的,听听专家讲的,好像似懂非懂,一旦到自己的课程实施中,又不知如何做了。

表现性评价作为一种新型的评价方式,其魅力就在于"表现",即让过去隐藏背后的、模糊不清的、抽象乏味的充分表现出来、生动起来。具体而言,就是让目标可见,让任务可见,让评价标准可见,让成长可见,也就是让学习可见。事实上,表现性评价并不是什么新事物。小学道德与法治学科教师探索以"表现性评价"为代表的新型评价模式,是基于核心素养的课程发展直面的挑战。许多教师通过自己的专业判断和感觉,在教学时常常设计并实施表现性评价:他们在课上或课外给学生布置高质量的任务,让学生通过探究方向、问题解决学习与小组学习等,运用知识在新的情境中解决问题,不仅挑战学生也帮助学生理解小学道德与法治学科的本质。

5.1.2 表现性评价的关键要素

周文叶认为,完整的表现性评价由 3 部分组成:一是评价目标,这是非常重要的,设计表现性评价要从表述希望学习者达成什么高阶学习目标开始;二是表现性任务,这是学习者需要完成的任务、作业,所要完成的产品、作品或表现,提供指向目标达成的直接证据;三是评分规则,成功的标准通常以评分规则的形式出现,必须在学习者创作产品、作品或进行表现前就建立好了。[①]

适用于表现性评价的目标,是那些居于目标核心的、需要持久理解的目标,它们是学生学习的重点部分。对于这些目标所指向的内容,学生不仅应当熟悉,还应当能够切实应用,以实现持久的理解。表现性评价任务要与目标匹配,要能够让学生在完成任务的过程或结果中展示目标界定的具体要求;任务应尽量真实并对学生有意义,任务的真实性程度越高,学习者的学习动机也就越高,随之学习效果也会越好。评分规则描述学生达成不同学习水平的各种表现,需要聚焦目标的重要维度,且能描述学生表现的真正差异。同时,评分规则还要清晰、易懂、好使用,便于学生用其引领和促进学习。

---

① 周文叶. 表现性评价的理解与实施[J]. 江苏教育,2019(14):7-11.

5.1.3 是否被界定为表现性评价的关键

一个评价任务是否被界定为表现性评价,关键是要看其评的是什么。表现性评价评的不是常规或机械的思考,不是回忆信息、事实、定义、术语或执行简单的任务,而是评价那些能综合运用知识并能进行评价与创造等高阶认知目标。这就要求我们设计出聚焦核心概念的表现性任务,让学生有机会展示对概念间关系的理解,并将其运用于真实生活情境的技能,而不仅仅呈现对具体的、琐碎的事实或信息的记忆,缺乏在真实情境中应用知识的机会。这也就是强调表现性评价的初衷——为了平衡我们只注重考查学生的零散知识和离散技能的考试,强调知识和技能在新情境中的综合运用。因此,看一个评价是不是表现性评价,不是只看评价任务的形式,关键是要看任务所要评价的是什么。

5.1.4 好的表现性评价的基本特征

表现性评价遇上核心素养,正在受到越来越多教师的青睐。表现性评价进入中国后,要走本土化之路。表现性评价本土化,要反对教条主义与形式主义。好的表现性评价,总是以提升人的核心素养为标志的,否则,无论怎样新奇,无论怎样古怪,都是毫无意义的,关键在于抓住"好的表现性评价"的基本特征。

张菊荣认为,好的表现性评价的"五有"基本特征是:有对接的素养目标,有挑战的表现任务,有明晰的评分规则,有丰富的信息创生,有完整的学习历程,要看到技术背后的"人"。①

5.1.4.1 有对接的素养目标

表现性目标的确定要依据下列 4 个方面的因素进行综合考量:一是要明确目标"时长"。表现性目标可以在某一课时中落实,但实现一个表现性目标,通常需要更长的时间学习。表现性目标是一个"长程"目标,当我们在说表现性目标时,往往是关于某单元、某项目、某主题的学习目标,是在一个阶段中逐次达成的学习目标。究竟多长时间完成,可以根据需要确定,可以是一节课,可以是一个月,也可以是一个学期。二是要确定目标类型。表现性评价针对的不是仅仅靠识记、回忆、简单操作等就可以达成的低阶思维,而是运用、评价、创造等高

---

① 张菊荣. 好的表现性评价的基本特征[J]. 江苏教育,2019(14):12-16.

阶思维，是在新的复杂情境中解决问题。三是要确定目标对接的具体素养。表现性评价可用于学科课程，也可用于跨学科课程。如果用于学科课程，就要在学科核心素养的框架内确定目标；如果用于跨学科课程，则可以参照"中国学生发展核心素养"，对接其中的跨学科素养。四是要整合性地思考核心素养、课程标准、教材资源与具体学情。影响目标确定的因素大致是以上这4方面，因此表现性因素的确定要依这些因素进行综合考量。

5.1.4.2 有挑战的表现任务

表现性任务要具有一定的挑战性，才能考查核心素养。这种挑战性任务，不是基于标准答案的指名回答，更不是"刷题"，而是在完成某种任务的过程中，才能出现核心素养所要求的表现。这种挑战性任务有两大特点：一是匹配高阶目标；二是设计较大任务。因为表现性评价的目标本身就是具有挑战性的，与之匹配的评价任务也自然是具有挑战性的。表现任务不是一个简单的回应，而是一项较大的挑战性任务，是具有不确定性的复杂任务。

5.1.4.3 有明晰的评分规则

评分规则是对评价任务的规格要求。好的表现性评价，一定要有明晰的评分规则。评分规则可以用来导教、导学，提高教学效果。评分规则清晰，学生才能明白要学到什么程度。从某种意义上说，研究表现性评价，就是研究评分规则，指导学生理解和应用评分规则。

怎样开发评分规则呢？一是提炼评分要素；二是对评分要素进行描述。当然，这里的描述有两种情况，分别是：无区分度的目标描述和有区分度的等级或分值描述。下面以统编版教材五年级下册《红军不怕远征难》为例进行说明，详见表5-1。

表5-1 "红军不怕远征难"小组探究学习汇报评分规则

评分要素	具体指标	优 秀	良 好	合 格	不合格
教材理解	能理解教材的主旨、情感或说明的道理	非常正确	正确	基本正确	不正确
	有自己的独到见解	见解独特而正确	见解独特	有自己的见解	没有自己的见解
毛泽东的诗句理解	对教材中需要解释的毛泽东诗句的正确解释	非常正确	有1~2处不太正确	有3~4处不太正确	4处以上不正确

续表

评分要素	具体指标	优秀	良好	合格	不合格
工农红军长征路线图的解读	能在地图中找出长征经过的地区	非常准确	有1~2处不太准确	有3~4处不太准确	4处以上不准确
	能写出红军当时面临的困难	表述全面并且准确	写出两个方面困难	只写出某一方面困难	基本没有涉及困难
PPT制作	标题、插图、字体大小与内容相吻合	很好	较好	一般	较差
总体评价					

5.1.4.4 要有丰富的信息创生

表现性评价的学习成果,不是一些唯一性的答案,而是会创生出无限的创意。教师在实施表现性评价中需要收集学习信息,通过这些信息的分享与点评(基于评分规则的点评),实现学习的丰富性。表现性评价带来的丰富的学习信息,不仅仅体现在学习方式与表达方式的变化,更是会给学科教学质量的提高和进一步改进带来新的启迪。

5.1.4.5 要有完整的学习历程

表现性评价的实施,是一个完整的学习过程,而不是"一次性"完成的事。表现性评价"任务"之"大",其实也是相对而言的,对于小学道德与法治学科来说,可以是一节课,也可以是一个单元,甚至是一个主题。但无论应用在哪里,都应该经历一个完整的学习过程:学生明确评价任务,理解评分规则,利用评分规则进行学习、自评和互评,师生运用评分规则进行互动。这一个过程,是学习不断优化和提升的过程。

表现性评价在小学道德与法治学科教学中的应用,既不要囿于外来的概念定势,也不能过于泛化、浅化。只要抓住好的表现性评价的基本特征,努力实践与反思,发挥其所长,一定能提高学生的学业品质。

5.1.5 表现性评价驱动深度学习

表现性评价是对学生完成任务的能力的展示,而不是知识的回忆。学生需要经历、展示任务完成的整个过程,而不是仅仅给出一个答案。这样的任务是真实或模拟真实的,要求将评价所测的能力直接与生活中复杂的能力连接,以提高学生习得的能力迁移至学校课堂情境之外的生活中的程度,为培养学生"带得走"的能力提供各种各样的机会。这样的任务需要学生的建构反应,他们必须综合而又灵活地运用所学知识,进行思维加工和判断,进行各种探究活动,有个性地展现自己的才能,从而创造性地解决问题。因此,课堂中的表现性评价驱使着学生进行深度学习。当有机会将课堂所学知识应用于真实问题,需要持续投入时间与精力展开合作以完成一个项目时,学生可更为深入地理解所学内容。

在表现性评价的实施过程中,为了能更好地驱动学生的深度学习,我们首先,要让学生清楚任务要求。只有学生理解了任务要求,才能有一致的表现。其次,我们要创造条件确保学生有机会做选择,从而深度参与到整个过程。比如,选择研究问题,选择资料,决定如何展示其结果等,学生有机会对自己的学习进行自主计划、自我监控和自我管理。最后,关注不同学生的不同学习经历,为每一个学生的知识建构提供可行的路径。

任何教学活动都要处理好教师、学生、知识等教学核心要素间的关系。深度学习得以发生,教师要做到"五个重视":一是重视在学生已有经验与新经验(知识)之间建立联系,以实现新旧知识转化;二是重视在活动与体验中建立学生的学习机制,以培养学生自主学习能力;三是重视对学习对象进行深度加工,以把握知识的内在联系与本质,助力学习目标的达成;四是重视在课堂教学活动中模拟社会实践,以培养学生的知识迁移与应用能力;五是重视将教学的"价值与评价"明晰化,以帮助学生形成正确的价值观点和必备品格。这"五个重视"既是深度学习的特征,也是教师如何处理深度学习教学活动各要素间关系的具体体现。因此,这"五个重视"也可以作为深度学习是否发生的重要判断依据。

基于以上分析,以统编版《道德与法治》教材五年级下册第三单元《百年追梦 复兴中华》革命文化内容为例,要实现学生革命文化深度学习发生,教师要做好3件事:一是确定学生的"最近发展区";二是确定以什么样的内容(主题)来提升和发展学生的学科素养;三是让学生亲身经历知识的发现与建构过程,真正成为学习的主体。因为革命文化学习的最终目标不是停留在记住一些知识、掌握一点技能,以获得考试通过,而是要培养学生的历史视野和革命情怀,获得未来进入社会所必备的正确价值观念、必备品格和关键能力。所以,笔者认为,实现学生革命文化深度学习必须经过4个重要环节,即选择合适主题、确定学习目标、设计挑战性任务和开展有效评价,并基于这4个环节建构小学革命文化深度学习的实践范式。①

5.1.5.1 选择合适主题

《百年追梦 复兴中华》单元中的许多内容,并不是学生第一次接触到。他们通过不同渠道,对其中的革命文化内容或多或少有所了解。如何调动学生的学习兴趣和积极性,是每一位任课教师在备课时都必须考虑的问题。根据学情和教学需要,采用主题学习是不错的选择。革命文化学习主题的选择需要避免:偏离课程标准要求,没有落实学科思想与方法,限制学生深度参与学习活动,学科核心素养没有得到发展。笔者认为,统编教材中革命文化学习主题的方案主要有两种:一是按照教材章节的主要内容来组织,选择与教材编写的单元或章节一致的单元学习主题;二是按照主题性任务来组织,其主题既要紧密关联学科核心内容,是学习的重点、难点,又要广泛链接社会生活和政治生活等国内外时事新闻。两种方案各有优势:第一种方案基于教材文字和图片设计,可以适当地增加和删减,省时省力,被广泛采用。第二种方案则需要完成3个关键步骤:一是分析课标及教材,梳理单元内容结构,找出适合本班学情的主题学习内容;二是学生对已有的学科知识、生活经验和思路方法等方面进行分析和判断,并在此基础上初定学习主题;三是多方面论证、辨析学习主题的价值,最终确定学习主题,以保证学习主题接近学生的"最近发展区"。

以《中国有了共产党》一课为例,可按照第一种方案,以教材章节的主要内容来组织和确定学习主题。本课由3个板块组成,分别是"开天辟地的大事""星星之火 可以燎原""红军不怕远征难"。3个板块以时间为序,在中国近代历史发展的序列中穿插革命先烈事迹,对不畏艰难、艰苦奋斗、勇于献身等革命精神的强调贯穿始终。当然,在重视教材逻辑思路安排教学的前提下,这部分内容的教学,也可以根据第二种方案以任教班级学情和教师的知识结构为基础,按照主题性任务来组织教学活动,最大限度地提高教学效果。其中,特别要重视利用当地革命文化资源的教育价值。

---

① 高本光. 学理分析:让革命文化学习深度发生[J]. 福建教育,2020(39):39-40.

5.1.5.2 确定学习目标

《百年追梦 复兴中华》单元中的革命文化内容,其学习目标可以划分为单元学习目标、主题学习目标和课时学习目标。学习目标是指完成学习任务后,学生应该获得的学科必备品格和关键能力的学习结果,是教师教学实践过程中的"北斗星",可以帮助教师在开展教学活动中及时校正教学方向,防止偏离预定教学目标。学习目标要重点突出,表述具体、简洁、可测评,避免大而全。在单元目标明确的前提下,确定主题学习目标和课时学习目标时需要注意两点:一是立足提升学生革命文化素养,做到学习目标有层次。围绕学习主题,厘定不同学习主题之间的关系,明确必须学习的具体内容和达到的水平标准,整体设计主题学习目标,具体划分课时学习目标。二是目标要指向学科基础性和关键性问题的解决,做到学习目标有深度。在充分分析学生已有的革命文化认知、现阶段思维特点和发展需求基础上,教师要明确表述主题学习的整体目标及其每个课时的目标,确保学习目标不偏离小学革命文化学习的核心知识和关键能力。

以《中国有了共产党》一课为例,结合教材编者的建议,本课主题学习目标可以设计为两点:一是查找资料,简要说明重大历史事件和重要人物;二是结合实际,学习红船精神、井冈山精神和长征精神。这两个主题学习目标都是比较上位的,需要通过具体课时目标来细化描述,才能帮助学生理解本课的主题学习目标。不同层次学习目标的设计和划分,可以有效地推动学生深度学习的发生。笔者建议,3个板块的课时目标设计可按表5-2进行。

表 5-2 课时目标设计

板块名称	课时目标
开天辟地的大事	1. 收集五四运动史实,开展小组交流; 2. 查找资料,学习红船精神的内涵; 3. 说明中国共产党诞生是历史的选择
星星之火 可以燎原	1. 介绍开辟井冈山道路的意义; 2. 结合具体情况,学习井冈山精神
红军不怕远征难	1. 描述长征的历史背景、路线和过程; 2. 说明遵义会议的历史地位; 3. 结合实际,学习和践行长征精神

5.1.5.3 设计挑战性任务

学习目标要在具体的教学活动中实现。教师在教学活动中设计一些挑战性学习任务,有利于学生革命文化深度学习的发生。挑战性学习任务的设计要体现深度学习的特征,要以主题为实施单位统筹规划,对学习任务进行整体设计。笔者认为,设计革命文化教学的挑战性学习任务,至少要解决以下 3 个问题:一是如何围绕主题学习目标和课时学习目标,设计具有深度学习特征的挑战性学习任务,确保学习目标的落实;二是如何对学生学习过程中的表现和可能遇到的困难做出预设,设计好应对方案,保证教学活动的顺利进行;三是如何对学习目标、学习内容和学习活动的一致性进行检验,将学习活动与前期确定的深度学习目标进行对照,优化学习活动的设计。教师对这 3 个问题的思考和解决程度,关系到学生对革命文化学习的实现深度。当然,设计挑战性任务是有难度的,可以是以教师为主导,学生自主参与。

以"红军不怕远征难"板块为例,教师要根据学生已有的知识结构和认知特点,设计有一定挑战性的学习任务,避免学生学习停留在对红军长征史实的简单重复记忆上,引导学生结合学习目标对红军长征进行深度思考。建议从以下两个角度切入:一是设计能够促进学生深入思考的问题,比如长征为什么"难",红军又为什么"不怕",引导学生建立新的认识视角,促进学生深度学习。二是在学习活动实施的过程中,要给学生提供足够的时间开展探究性学习活动。比如在《工农红军长征路线图》中找一找长征的路线,说一说发生的重要事件,写一写经过了哪些地区,让他们能够充分思考、讨论和交流,实现学生对所学红军长征知识理解的深化和革命情感的升华。有条件的学校,还可以组织学生参观有关红军长征纪念馆和革命历史展览馆,加深学生对红军长征历史的认识和理解。

5.1.5.4 开展有效评价

有效评价的关注点从教师的教转向学生的学,是革命文化学习深度发生的不可缺少的环节。选择好学习主题、确定了学习目标、设计并实施学习活动之后,学生学习的效果如何?学科的必备品格和关键能力是否得到发展?这些都需要有效的评价来回答和验证。进行有效评价要注意 4 个关键环节:一是依据主题学习目标和课时目标,制订合适的评价方案;二是确定有效评价反馈的详细内容与方式;三是论证评价方案的可行性和可操作性,保证评价方案的科学性;四是公布评价方案,让参与的学生都知道并理解具体的评价标准和要求。

下面以"红军不怕远征难"中的第三个学习目标为例设计评价方案,对评价目标、评价任务、评价标准和评价方式进行简要说明,见表 5-3。

表 5-3 评价方案

评价目标	结合实际,学习和践行长征精神
评价任务	结合生活实际,学习长征精神,搜集长征故事资料,并与本班同学分享学习故事体会
评价标准 (3个层次)	(1)能搜集故事资料,但内容不完整、杂乱无序,难以与他人分享; (2)搜集的故事资料有代表性,能开展具体活动来分享故事; (3)搜集的故事资料内容翔实、富有教育意义,能在全班开展分享故事活动,交流自己的想法
评价方式	现场展示,学生互评和教师点评

基于学理分析的小学道德与法治学科评价方案,不仅以目标为导向,形式多样,标准明确,而且重视学生的自主参与,能有效地促进学习目标的实现和有关内容深度学习的发生。学习和弘扬革命文化,是促进学生树立文化自信的重要措施和路径。小学革命文化教学不仅要与学生产生共鸣,还要千方百计地打动学生,促进学习的深度发生。由此,经过相关内容的学习,改变的将不仅仅是学生的革命历史知识和观点,还有学习方法和思维方法的转变,更重要的是可以深化学生对中国共产党的认识,进一步增强学生的爱国热情。

5.2 基于核心素养的表现性评价工具开发

表现性评价的核心思想是要求学生展示自己的学习成果,展示自己能够利用学校里学到的知识和技能来完成一些实际的工作,评价者通过观察学生实际操作或记录学业成果评价学生。这是一种更直接地考查学生综合运用知识、解决实际问题能力的方法,有明显的实践性、过程性、发展性和人性化特点。表现性评价的实施流程一般包括以下几个步骤:明确评价目标—确定评价标准—选择表现类型—设置表现性任务—制定评分规则—实施并选择样例,其中明确关键能力的评价目标、设置情境化的表现性任务以及制定可操作的评分规则是表现性评价必不可少的三大基本要素。

5.2.1 明确关键能力的评价目标:要到达哪里

核心素养是连接顶层设计和教育实践的桥梁,包含知识、能力和态度3个维度内容,是抽象性高、结构复杂的高阶能力。表现性评价是"做中评",着重对过程中学生行为表现进行评价,可以检测到单纯分数之外具有情境性、综合性、复杂性的能力以及态度、情感等非认知目标。由此,将核心素养作为表现性评价的测量目标时,要注意下面几个问题:

一是评价何种目标素养?

教学目标是学生核心素养的具体化,核心素养与学科相结合,形成学科素养。不同学科具有不同的学科素养。即便在同一学科内部,不同类型的教学活动所要达到的目标能力也不尽相同。所以,要根据不同学段、不同科目、不同学生的发展水平匹配适切的能力目标。

二是待评价的能力是否易于转换成具体可观测的行为?

合作能力、交流技能、信息素养等能力易于在活动过程中通过观察学生的表现收集证据,进行评价。但如科学精神,这一更具抽象性的能力在转变成可观测的行为时须进一步深入考察。如何对目标进行具体化,以及如何从复杂众多的行为中筛选出最具代表性的目标行为,是将高阶能力化成具体行为的过程中应慎重思考的问题。

三是待评价的能力是否易于找到具体的案例?

一个例子胜过万语千言。案例是目标行为清晰化、明确化的操作指南,便于教师、学生理解掌握,进行他评与自评。

四是是否有足够的时间和其他支持对学生操作过程进行观察、记录和评分?

学科素养不是顷刻即成的东西,其养成是一个渐进的过程。学科核心素养的培养与评价不能只寄托于一节课、一次活动。能力形成的渐进性意味着对其评价需长时间追踪。一线教师往往有繁重的教学任务,很难有大量的时间对学生进行长时间的纵向追踪评价。因此,只要事先有明确的计划,实施表现性任务,利用零散时间收集所需的片段信息也可以组成有代表性的例证,为评价学生的目标达成程度提供有说服力的证据。

5.2.2 设置情境化的表现性任务:怎样到达那里

在诸多素养中,创新能力、信息素养、合作能力、社会责任以及交流能力排在前列。这些高级素养不可能凭空得到发展,需依赖于具体、有组织的材料和任务。表现性评价基于真实情境或近乎真实的任务,被评者完成任务的过程也是评价者收集评价信息的过程。

在设置表现性任务时,要注意下面几个问题:

一是所设计的任务是否与评价目标相匹配?

目标指导和统领任务设置,所开展的任务要基于评价目标。任务的形式包括书面报告、作文、演说、操作、实验、资料收集、作品展示。评价者针对不同类型的能力目标,选择相匹配的任务形式。

二是任务是否与学生的实际生活相关联?

核心素养来源于生活,最终归于生活。小学生对身边世界具有好奇心,活动选取实际生活事件,诱发学生探究欲望,学生综合应用知识、能力,找出问题的解决策略,以此与周围世界和谐共处。

三是在探究任务的过程中是否能够观测到期待的能力表现?

任务与能力相匹配。不同的任务会引发不同的能力表现,根据表现性任务选择或设计评分细则,以此评估学习者的行为。所以,需评价者事先明确所要发展、评估的学生能力,以此设置不同类型的任务。

四是学生是否明晰所要完成的任务?

在活动开展前,教师要对表现性任务的要求、评价规则、要达到的目的进行解释说明,并提供简练、明确的指导语。学生知晓完成任务的主线,做到"心中有数",据此选择适当渠道,解决情境中的问题。

5.2.3 制定可操作的评分规则:如何确定到达那里

学生核心素养的培育,需要精确定位自己在哪里,下一阶段要去向哪里,如何一步一步走向那里。教师的一个长期教学目标就是要注重学生的自评与他评。对于还未具有较高评价能力的学生而言,如何才能克服随意式"好"与"不好"的二元评价,科学地按其能力划分水平?这就需要指导评价的工具——评分规则,也就是依据具体评价目标,分级描述学生在评价活动中或结果上应有表现的过程。

评分规则作为实施表现性评价时的一种关键评分工具,它的具体内涵是什么?有哪些构成要素?又有哪些不同的类型?

在表现性评价中,研究者对评分规则的界定也是各有侧重。表现性评价的先锋斯蒂金斯(Stiggins)给出了制定评分规则的步骤(表 5-4)。

表 5-4 评分规则的制定流程

步 骤	实施内容
发现	分析表现的样例,找出成功的关键因素
精简	集思广益,总结出一套一致的但又简洁新颖的关键要素
界定	简单界定成功的各个要素,并为每个要素设置一个表现性连续体
应用	练习应用表现性评估程序,直到你能够运用自如
提炼	知道表现性准则的修订是永无止境的

据此可知,评分规则的制定是教师和学生相互磋商的结果。在沟通评分规则的过程中,一方面,学生明晰操作过程,消除了评分规则的神秘性和不可捉摸性,理解各评价指标体系设置的目的,整体把握评分规则框架,知道高等级的行为特征,在完成任务过程中以自我为参照,达到更高表现水平,获得对自己成功的控制感;另一方面,教师可以放手让学生去做,给学生充分自由,以此教师才能够了解学生的真实感受,知道学生的素养水平,有针对性地实施教学与评价。

在制定评分规则的过程中,要注意以下几个问题:

一是评分规则是否包含所要测量的主要内容?

对复杂能力评估,须划分多维度的行为特征,评价者易于在无意之中忽略素养的本质特征。因此,需对评分规则进行元评价,分析评分规则是否能够反映主要目标能力,以及能力的主要方面。

二是评分规则中能力水平的划分是否具有明晰的界限?

素养的各个表现水平之间要有一定的界限。同一能力下不同水平的表现特征不能相互交叉,纠缠不清。明晰的界限便于教师和学生进行评定,避免出现模棱两可的现象。

三是运用评分规则对学生素养进行等级评定所提供的反馈是否具有指导

意见?

对学生做固态能力划分并不是表现性评价的最终目的,其目的是通过评价,给予学生提高素养的反馈意见,是动态的生成过程。由此,反馈应是具体的描述性建议,指出学生的优势与不足,激发学生行为改变的积极性,提供进一步提高的策略。

四是不同评价主体采用同一评分规则,获得的结果是否具有一致性?

不同的评价主体如教师、学生、家长对同一份作品做大体一致的判断,即评分者内部应具有较高的一致性。

5.3 表现性评价工具的种类和特点

小学道德与法治作为一门综合性课程,强调的是学生的自主参与。为此,我们尽力为学生提供亲自参与、亲自体验的机会,表现性任务便无处不在。在这样的理念引领下,表现性评价近年来越来越受到道德与法治教师的青睐,它是学生发展性评价的一种重要方式。

特定事物的测量评估,要使用特定的工具。表现性评价从丰富多样的度量工具中,选用了几种较为适宜合用的表格、图谱、影像、视频、量规、记录等。表现性评价常用的工具有概念图、等级评定量表、评价量规、核查表、轶事记录、档案袋等,其中以评价量规和档案袋为最常用,也最适用。

5.3.1 评价量规

量规,又称评价表或评分细则,它为一个作品或其他成果的质量水平,分出等级,列出准则,并且从优到差明确描述每个等级的具体表征或表现。量规融合定性评价与定量评价于一体,是能够对学生的学习成果、作品、成长记录以及学习过程中的表现(行为、认知、态度)进行评价的一套标准。

5.3.1.1 常见的评价量规

用量规做评价工具,能够适应测量复杂、抽象的学习成果。它对于小学道德与法治学习、课堂活动、演示汇报、家庭作业等活动,可以细致、准确地度量。特别是,它的评价,不单涉及书本知识,而且涉及学生的实践能力、创新精神、协作交流能力,乃至情感态度,以及学习习惯与个性。

用量规做评价工具,能够预先给学生提供一个明确的学习目标。量规所规定的内容,是学生应该做到的;它提出学习的最优标准,以此引导鼓励学生去拼搏。有了这样的标准,可以防止评价的随意性。以此来评价,不单可以由教师来评学生,学生也可以自评或互评。

常见的表现性评价量规有核查表、等级量表、分值系统等。相对来说,核查表比较简洁紧凑,也比较容易被理解、被管理,因此它非常适用于小学低年级的学生。

5.3.1.2 核查表

核查表是一种评价关键元素的有用工具,它不需要评价优劣,只需要关注是否展现了既定的基本特征。不同评价主体对同一对象实施测量,结果一般是一致的,因此是信度较高的评价量规。而要提高核查表的效度,应该特别关注表现性任务是否真实,核查表是否反映了想要考察内容的要素。也就是说,表现性目标、表现性任务和核查表具有一致性。

一个效度较高的核查表应符合 3 个基本原则:一是目标基于课程标准。评价目标唯有从课程标准出发,才能为学生的发展服务。二是任务合乎学生发展。教师不仅要清楚通过怎样的真实性任务来评价学生是否达到了标准要求的水平,而且要清楚学生达到标准时的具体表现。三是核查表符合课题内容。核查表的内容必须是本课题的内容,评价才能牢牢地镶嵌在课堂之中。

完整的核查表至少需要包含 4 个要素(以表 5-5 为例)。一是主题要素。主题要素反映的一般是表现性任务。"学校的公物小调查"是《这些是大家的》一课的表现性任务,也就是核查表的主题要素。它是可以迁移的,其他的课题需要用到调查类的评价量规核查表,只需要更换主题要素即可。二是评价对象。评价对象指的是学生完成表现性任务后呈现的成果作品。"评价项目"内显示的就是评价的对象,如表 5-5 评价的对象是"自主完成的调查表"。三是评价方式。一个完整的核查表应注明评价的方式。如本次核查表的方式是:"同伴根据情况,在( )内打√。"核查表评价方式很简便,可以及时评价,同时适宜互评。四是评价要素。评价要素规定的是学生需要达到的目标要点,也明确表达了本次表现性任务的具体要求,这给学生完成任务、互相评价指明了方向。如表 5-5 中,要求学生在进行小调查时一定要围绕"学校的公物"来展开,才是有效的。

表5-5 "学校的公物还好吗"小调查核查表

评价项目	评价要素
"学校的公物还好吗"调查表 注：同伴根据情况,在(　　)内打"√"	1. 调查的是"身边的公物"。(　　) 2. 内容记录详细 地点(　　)　　公物名称(　　) 公物的情况(　　)　简单画出损坏的样子(　　)

典型案例分析[①]

设计核查表也应遵循科学的方法和步骤,方能保证它的信度和效度。以二年级上册《这些是大家的》为例,进行具体说明。

1. 确定评定主题。

在《道德与法治》教材中实施表现性评价,首先需要考虑的问题是"评价什么"。明确表现性评价主题有助于教师与学生清晰了解将要完成的教学任务和要达到的教学目标,是学生进行自我评价的依据。研读课程标准和教材之后,确定《这些是大家的》(两个课时)的教学目标为:"①认识学校里的公物,知道公物是为大家服务的,大家都应该爱护;②用讲故事的方式,认识学校公物给我们的学校生活带来便利;③交流课前调查的学校公物的现状,激发保护意识;④能够在日常生活中爱护公物,做到小心使用不损坏。"

接着,可以从教学目标中选取表现要素,在目标③和④中融入评定主题,制定评定主题如下:①通过课前小调查以及运用表现性评价量规,了解学校公物的损坏情况;②在教师的帮助下,制作运用表现性评价量规,在学校生活中爱护公物不损坏。

2. 设计表现性任务。

表现性评价要求学生面对既定的目标完成比较有意义的真实任务。因而设计表现性任务,是成功实施表现性评价的关键环节,也是提高量规效度必不可少的环节。表现性任务,应以评价目标为依据,体现任务与评价目标的高度相关性,以有效测量学习的过程和结果。

---

① 王亚珍. 表现性评价核查表的开发与设计——以统编教材《道德与法治》(二年级上册)"这些是大家的"为例[J]. 中国德育,2018(16):40-42.

表现性任务除了具备匹配性、真实性,还必须具备可操作性。如果我们试图让一个开放的任务始终围绕目标有效地推进,任务的设计就必须足够具体,对程序的介绍也必须足够清晰,这样才能保证所有的学生都知道什么时候应该做什么,而不至于你东我西,漫无目的。基于这样的考虑,我将本课的表现性任务设计成两个:

表现性任务1:"学校的公物还好吗?"——调查学校公物现在的情况。

表现性任务2:"大家一起来爱护公物。"——和身边的伙伴一起爱护公物。

第二个表现性任务比较特别。它的核心要求是"爱护公物",具体任务却是儿童自主选择决定的。教师让学生寻找身边公物损坏的地方,帮助他们聚焦实际问题:课桌损坏的情况比较严重。接着请学生出谋划策,列出几点要求。每个学生从课堂教学中形成的"爱护公物金点子"中选择一项自己特别需要注意的,填写在表现性评价量规的表格内,邀请身边的一位同学合作评价,一起爱护公物。它既是一个任务,也包含了调控、监督的要素。事实证明,这是一个非常高效的表现性任务。

3. 编制表现性评价核查表。

核查表是教师引领学生进行评价的工具和依据。合理明确的评价标准,能够使教师在整个评价过程中保持客观性,使学生对照标准反省提高自己。用清楚简练、易于测量的目标术语加以表述,使学生能很好地理解执行。

评价标准在制定中可以由学生参与,以更加符合学生实际。要特别注意的是:制定出来的核查表各个指标是没有权重的,仅对全过程的发展状况做出"是"与"否"的评价,这是核查表的基本形式。

从核查表的核心思想、必备要素和设计步骤中,我们可以感受到表现性评价量规与传统的纸笔测验有着较大的差异。在过去,教师等到教学活动完成以后才开发评价,评价往往基于所教授的内容、活动、练习时间来开发。而表现性评价量规的编制,依据课程标准而来,依据教学目标而来,所选的内容和活动允许学生展示在标准上的能力。我们应努力使我们的课程评价更适合于我们的孩子,有利于每一个孩子的道德生命自由成长。

5.3.2 档案袋评价

用档案袋记录表现性评价的全过程,一方面可以看出学生操作的轨迹,另一方面又可以看出教师施教的业绩。它把完成表现性任务的操作,指导调度这种操作的举措,有步骤、有重点地记录下来,学生可以从中看到自己的成绩与缺陷,教师可以据此调节自己的教学。

档案袋评价的内容可以由学生、教师或家长共同决定,学生根据教师提出的一些基本要求,对自己学习的材料或作品等自主选择,放入档案袋中;不一定是完整的作品,可以是包括学习过程中的一些准备资料。其主要有以下几种具体做法:[1]

一是学习资源的评价。着重于拓宽学生的知识面,培养学生主动获取知识的习惯和技能,有文字资料、图片资料等。例如,学习《我们的大地妈妈》一课,让孩子们收集地球受到严重污染的图片以及文字资料,学生在课堂上进行事例的交流,写下自己的感悟,并制作环保宣传卡片。学生经过学习、交流和评价,感受到了"只有一个地球"的重要性。

二是图案性表述的学习成果评价。即学生个人或小组合作完成的绘画制作,如手抄报、班徽、主题图案设计等。在《我们的大地妈妈》一课学习后,教师可以让学生画一画"中国环境保护徽",以"我爱环境"为主题的手抄报等。

三是文字性表述的学习成果评价。如课堂随感、反思记录、调查报告等。如《美化家园》中"我努力,我能行":

我可以用废旧的_____来制_____。

在课堂表现上,我还需要:_____。

在小组活动中,我还需要:_____。

在资料收集上,我还需要:_____。

在动手活动中,我还需要:_____。

并用文字记录下废物变为宝的快乐。

四是手工作品展示评价。在教学《美化家园》一课时,学生做起了小小设计

---

[1] 陈云芳.小学生成长资料袋评价对品德教学的效用分析[J].福建教育学院学报,2019(3):9-10.

师,他们很多有设计上的创新:如用易拉罐制作小动物、小汽车、椅子、卡通动物的头像等手工作品,可从作品的实用、美观和创新等角度进行评价。

五是品德成果评价。可以是自身感悟、环保小达人、敬老爱幼、助人为乐、爱心奉献、见义勇为等事迹,也可以是教师和家长的期待和评价等。比如,学习《我和动物交朋友》,体悟到人类与动物和谐相处是多么美妙的事,并让学生承诺:《我的爱护动物公约》,设计环保标语等。又如,学习《花草树木点头笑》,学生了解了许多植物朋友,让学生用自己的行动使身边的植物长得更好,并写下我会这样做:_____。

六是综合素质评价。若干个单元主题学习后,可通过呈现活动照片、获奖作品和获奖证书等这一过程性评价的内容,注意指导、督促并和家长、学生一起收集、整理反映学生成长过程和结果的材料,及时装进档案袋。

近年来,在纸质档案袋的基础上,又应用了电子档案袋。由于网络多媒体的强大容载能力与呈现能力,档案袋的作用大大地增强了,文本、表格、音频、视频等材料,可以海量地存储。同时,它可以依据需要,做种种编排、剪接,更优异的是,它在查阅时的随意与快捷。

5.4 表现性评价在大规模考试中的运用

5.4.1 基于表现性评价的评价改革国内外动向

近几十年来,人们对课堂教学中的表现性评价进行了富有意义的探索,而在大规模考试中,表现性评价同样得到了高度重视——许多国家与地区都将在大规模考试中运用表现性评价视为促进教育改革的重要手段。因此,表现性评价被越来越广泛地运用于大规模考试中。早在20世纪90年代,美国就将大量资金投入表现性评价的开发中,并在从国家到各州层面的大规模评价中实施表现性评价。同样,表现性评价也被纳入世界各国的大规模评价之中。英国高考招生中的表现性评价——中心评审课程作业,也得到了广泛的实施。类似的评价在澳大利亚、新加坡等许多国家与地区也都存在,如维多利亚教育证书(Victoria Certificate of Education,VCE)考试。另外,表现性评价也在国际大规模考试中广泛实施。2015年,PISA对学生的合作问题解决能力进行评价,其中就涉及了大量的表现性评价。从众多国家和地区,乃至国际层面的评价项目的实施可见,将表现性评价运用于大规模评价的尝试与革新的前景是光明的。

尽管在我国当前大规模考试更多还是由传统的纸笔测试组成,但教育环境的改变、基础教育课程改革的深化,使得表现性评价进入大规模考试评价成为一种必然的趋势。

5.4.2 大规模考试中实施表现性评价的挑战

相对于传统的纸笔测试,表现性评价的优势显而易见。然而,传统的纸笔测试自有它的长处,否则,我们就不能解释为什么在表现性评价出现之后那么长时间里,传统纸笔测试依然能够占据评价核心位置。表现性评价的局限性主要包括题目编制难度大,考试实施需要时间较长、成本较高,评价的客观性程度差。在大规模考试中,尤其是大规模高利害考试,基于评价结果做出的决策将会对学生的未来产生巨大的影响。因此,评价本身及在此基础上做出的决策的客观性、公正性经常会成为公众关注的核心。

5.5 SOLO 分类法在学科作品评价中的应用

SOLO 分类理论是在皮亚杰的发展阶段论的基础上,由著名教育心理学家比格斯(Biggs)教授及其同事经过长期的研究和探索提出的,是一种以等级描述为特征的质性评价方法。这是一种根据学生在回答问题时思维结构的复杂性来判断其认知发展水平的评价方法。SOLO 分类理论将学生的学习结果分为 5 个不同的层次水平,即前结构水平、单点结构水平、多点结构水平、关联结构水平和拓展抽象水平。这 5 个水平构成一个层级结构,描述学生在特定时间解答特定问题时的表现。从学生对某个问题的回答中,教师可以对照上述标准就学生对该项知识内容的掌握情况做出判断,由此诊断教学,并进一步指导教学。SOLO 是目前唯一可以比较客观、系统地用来衡量回答的质量,而且为教师和学生所能理解接受的工具。

5.5.1 基本过程

一是确定目标,选择任务形式。如同教学要围绕教学目标进行一样,评价也要围绕目标进行。评价目标的制定主要是依据课程标准的相关要求、具体的教学目标以及学生的年龄特征。评价目标指向要明确,表述要清晰,要具有可操作性。不同的评价目标,任务的形式和侧重点也会有所不同。确定评价目标之后,就要确定评价任务,这份任务是对评价目标的体现,是达成评价目标或进行评价的载体、依据,是评价目标实现的基石。同样的作业任务,可有多种不同的表现形式或呈现方式,在设计任务时,可根据学生的实际,选择最能体现评价目标,能够区分学生思维结构层次水平,适于 SOLO 评价的任务形式。

二是要素分析,确立任务维度。要素分析是使用 SOLO 分类法的关键。教师给学生选择作品任务时,要明确任务所承载的评价目标是什么,通过这份作品要考查学生哪些方面的发展状况,如是要考查学生信息处理能力、批判反思能力,还是解决问题能力,抑或是情感态度价值观或其他方面的内容,明确学生在该任务中所应达到的结构水平。有了任务后,就要进行任务分解,即是什么构成了在那些任务中的恰当表现,列出构成该任务的要素或维度。目标里隐含着要素或维度,可以从目标里寻找,目标和评价维度要一致,这些要素或维度能区分各种 SOLO 层次。

三是设定标准,制作要素表。要素确立后,要对每个要素提出具体要求和说明,就是标准的设定(SOLO 层次的划分)。教师要根据评价目标和学生的年龄特征进行标准制定、SOLO 层次的划分,即怎样的表现是前结构、怎样的表现是多点结构等。每个结构层次的划分的标准要有具体、清晰的表述,使评价者能客观、准确地评估学生的表现。对要素表的分析,结构层次的划分,教师应达成基本的一致,以期不同的教师使用时达到最大的信度。

四是评价反馈,改进学科教学。SOLO 分类主要是一种质性评价和形成性评价,也可以作为量化评价和总结性评价。形成性评价是在教学的过程中进行的,目的就是诊断矫正。评价就是评定学生在完成这项特定任务时的思维结构水平,看是否符合标准,符合评价目标所应达到的水平,学习成果是否符合教学意向,如果符合,教师就继续到下一个阶段,重复整个循环;如果不符合,教师就需要考虑下一步做什么,顺其自然或者纠正这种情况。评价不是学习的结束,而是新一轮学习的开始。如果要将它作为总结性评价进行量化分析时,就需要将 SOLO 任务进行分解形成要素表,将教师想在最终成绩评定中考查的任何其他要点赋予一些数值,然后以具有教育意义的方式将它们整合起来。重点要素应比其他要素给予更大的权重。

5.5.2 典型案例分析[①]

(1)作品任务:种一粒籽并观察记录。

以统编小学《道德与法治》二年级下册第一单元第四课《试种一粒籽》观察记录为例。

(2)任务说明:结合二年级下册第一单元第四课《试种一粒籽》的学习,课前一个月开展种植活动。

(3)评价目标:①通过尝试种植,感受植物的生命发生过程。②能用不同方式观察记录植物的生长过程,发现植物成长规律。③在尝试种植的过程中体验种植带来的成长与收获。④在试种中养成仔细观察、认真记录、坚持不懈的好习惯。

(4)评价工具:要素表。

(5)要素分析:结合评价目标及学生的年龄特征,制定表5-6要素表。

表5-6 要素表

层　次	要　素
前结构	拒绝回答问题
	内容完全不符合任务主题
单点结构和多点结构 (记录一点为单点,记录两点以上为多点)	能用文字、图表记录种植的时间、植物的变化、种植过程中的注意事项,以及种植过程中的体验感受
关联结构	能持续观察,认真记录种植过程中随着时间的变化植物产生的变化,以及种植过程中的收获体验感受。 观察记录完整,各方面之间存在逻辑联系

(6)该任务结构水平说明。

前结构:处于这一结构水平的学生拒绝完成任务,或者所做出的解答完全

[①] 连鸿霞.SOLO分类法在小学道德与法治作品评价中的应用探索[J].黑龙江教师发展学院学报,2020(10):73-75.

不符合要求,没有理解任务的意思,找不到完成问题的方法。

单点结构:作品处于单点结构水平的学生开始关注任务的内容,但是只能联想到单一的线索,利用一个知识点来完成任务。不能持续观察,只选取一两次进行观察;用图片、图表或文字单一记录种植生长中某一方面的内容。

多点结构:作品在这个水平结构层次中,学生选择两个或多个孤立的要素,但没有将这些要素进行统一整合,忽略他们之间的联系。能用图片或文字,从不同方面观察记录种子生长的过程,但这几个方面是随机的,不构成逻辑关系。

关联结构:作品处于这个水平结构层次中,学生能够将所有的要素都联系交融在一起,使其成为一个有机的整体。能在多点结构的基础上,持续细致地观察记录植物生长的过程及其自身的体验感受,观察记录具有逻辑联系和完整性,在种植实践过程中,获得道德成长。

(7)作品评价。对照以上的要素表以及结构水平划分标准,以部分学生作品为例进行评价。

前结构:如个别学生只是简单拍几种花,标明花的种类。因为我们的任务是种植并观察记录,这些学生并没有开展种植活动更谈不上观察记录,内容不符合任务主题。

单点结构:有些学生能进行观察并进行记录,但只是简单地记录什么时候种下、发芽、开花,不能从更多方面来进行介绍。

多点结构:能记录种植从种下、发芽到开花的过程,还介绍植物的生长环境,但生长环境和生长过程不能产生一致性。比如,种子从种下、发芽到开花分别需要怎样的环境,两者之间没有互相对应。

关联结构:部分学生不但介绍了植物种植的基本知识(温度、间距、光照时长、土壤要求等),还详细记录了植物从播种到发芽过程中的变化、注意事项,同时还记录这一过程中出现的问题以及自己的心情变化。能做到细致、持续地观察,整个记录具有完整性,而且记录的各方面、各要素之间也存在逻辑关系,详细记录每一天的发展变化。

以上只是列举了4个层次部分学生的作品,还有一些作品呈现的是介于两种层次之间的水平,如1A(过渡性回答,介乎前结构和单点结构之间),学生试图回答问题,但只是不完整地涉及一个要点;2A(过渡性回答,介乎单点结构和多点结构之间),学生试图处理问题的两个方面,但无法协调这两方面的信息,以至于无法得出确定的结论;3A(过渡性回答,介乎多点结构和关联结构之间),学生注意了不一致的方面,认识到多个不一致点,但无法协调;4A(过渡性回答,介乎关联结构和抽象扩展结构之间),学生会用相关的原理来解释问题,但没有讲清楚。

参考文献

[1] 周文叶.表现性评价的理解与实施[J].江苏教育,2019(14):6-11.

[2] 张菊荣.好的表现性评价的基本特征[J].江苏教育,2019(14):12-16.

[3] 高本光.学理分析:让革命文化学习深度发生[J].福建教育,2020(39):37-40.

[4] 王亚珍.表现性评价核查表的开发与设计——以统编教材《道德与法治》(二年级上册)"这些是大家的"为例[J].中国德育,2018(16):40-42.

[5] 陈云芳.小学生成长资料袋评价对品德教学的效用分析[J].福建教育学院学报,2019(3):9-11.

[6] 连鸿霞.SOLO分类法在小学道德与法治作品评价中的应用探索[J].黑龙江教师发展学院学报,2020(10):73-75.

第 6 章
学科问卷工具的设计

问卷是质量监测中收集信息的一种重要工具。小学德育质量监测不仅仅要了解当前的教育教学现状,更要了解其背后的原因和影响因素,为以后的教育改革提供建议。因而,小学德育监测调查问卷的设计至关重要。目前比较成熟的教育质量监测体系,如 PISA 的"二维调查问卷设计"、TIMSS 的"课程中心的问卷设计"和国家教育进展评估(National Assessment of Educational Progress,NAEP)的"发展取向的问卷设计框架"等调查问卷设计均可作为有效参考。因为 PISA、TIMSS 和 NAEP 虽因测评目的不同问卷设计有所差异,但它们有 4 个方面的共性:一是重视教育公平的调查,从宏观层面的教育决策制定、课程组织管理,中观层面的学校入学、分班、分组以及评价等政策,到微观层面的教师课堂管理、教学方式、教学参与等;二是重视家庭环境对学生的影响,如调查家庭藏书量、阅读时间、与父母交流学校情况以及父母期望、家庭氛围等;三是重视教师发展,如对其培训经历、专业发展、教师支持和工作满意度等调查;四是重视学生的非认知因素在学习中的重要作用,体现了以学生为中心的教学理念。通过对本章内容的介绍,笔者力求使大家对小学德育质量监测的问卷研发过程有一个直观、细致的认识。

6.1 PISA 调查问卷设计的特点和发展趋势

6.1.1 PISA 调查问卷设计的特点

廖伯琴等人认为,PISA 的调查问卷设计主要有 4 个特点:第一,问卷的动态性与稳定性相结合,即调查问卷有固定不变的静态的一面,如问卷设计框架在每次测评中持续使用,基本保持一致;第二,一般信息调查与具体信息调查相结合;第三,硬环境与软环境因素调查相结合;第四,认知与非认知因素调查相结合。①

6.1.2 PISA 调查问卷设计的发展趋势

王烨晖等人认为,问卷作为 PISA 测评的一个重要组成部分,具有明确的定位目标和清晰的结构框架,有助于引导后续的工具编制、数据结果的解读与报告撰写。PISA 持续致力于问卷的研发与完善。随着教育政策关注点的变换,PISA 问卷的重心从具体学科领域转向非学科领域。在框架设计上,PISA 问卷不断加强理论支撑,对指标进行更科学的划分和整合。在测评技术上,PISA 问卷在测评方式、组卷、题型、反应选项、措辞等方面不断创新完善、提高效率,力求做到公平有效。②

6.2 问卷的作用

调查问卷是在调研过程中经常使用的获取资料的工具。它的优点是简单、方便、快捷,在较短时间内可以获得大量的数据。问卷的内容由一系列清晰明确的问题及简短的答案选项构成。对问卷收集的信息,既可以进行定量的分析,也可以进行定性的分析。为了保证问卷的有效性和科学性,其编制需要遵循一系列科学严谨的步骤。小学德育质量监测,从监测的内容和框架来看,有其复杂性和特殊性,需要对小学生的各个方面状况以及影响学生发展的因素进行全面、系统和深入的监测。

边玉芳和梁丽婵认为,问卷工具在基础教育质量监测中的作用主要有两个方面:第一,问卷常被用于评估学生的学习质量和状况,更全面、客观地反映教育质量和现状。第二,问卷还常被用于收集影响教育质量相关因素的信息,如

---

① 廖伯琴,李晓岩,刘芮. 国际教育质量监测的问卷设计分析及启示[J]. 外国中小学教育,2016(5):15-21.
② 王烨晖,秦可心,张楠,等. PISA 问卷的最新发展趋势[J]. 中国考试,2020(5):16-18.

学校领导力、学校环境和氛围、师资质量、教师教育行为等。①

6.2.1 评估学生的学习质量和状况

在 PISA 中,除了用学业成就测验评估学生的阅读、数学、科学的知识和能力,还设计问卷评估学生在各学科的情感态度、学习策略、学习特点等。小学德育质量监测也是一样,除了测试小学生的学科核心知识和关键能力,还要收集和了解影响教育教学质量的关键影响因素。

6.2.2 收集影响教育质量相关因素的信息

影响小学德育教育教学质量相关因素的信息是多方面的,不仅包括学校领导力、学校环境和氛围,还包括师资质量、学科教师教学行为,另外家庭环境和收入情况等也是相关因素。通过这些信息的收集,我们可以深入分析影响学生发展的重要因素,可以及时发现教育过程中出现的问题及背后的原因,为教育决策提供依据。

6.3 问卷的一般结构

一般地讲,问卷主要由标题、卷首语、指导语、问题、选择答案和结束语等部分组成。虽然问卷主要是由一系列问题组成,但问题并不是问卷的全部,问卷的其他组成部分在问卷中同样不可或缺。问卷中的不同部分,包含的内容不同,要求也不同,但都对发挥问卷的功能、确保问卷的效果起着重要作用。下面分别对小学德育问卷的各部分进行详细的分析。

6.3.1 标 题

标题是对调查内容的高度概括,标题要明确、简洁。首先,标题要明确应尽可能做到以下两点:有明确的调查的范围和对象、有明确的调查的问题。例如,《小学生道德与法治学科学习情况的调查》,调查的对象为小学生,调查的问题

---

① 边玉芳,梁丽婵. 基础教育质量监测工具研发[M]. 北京:北京师范大学出版社,2015:105.

是学科学习情况。其次,表述标题的语言要简洁,不要使用复杂的句子。最后,表述标题的语言还要注意对被调查者的影响,如果遇到一些敏感问题的调查,标题要换用一些中性的词语来表达。

标题中常见的问题有3个方面:①标题表述不明确,如《小学生道德情况的调查》这一标题没有明确是哪方面品德状况的调查;②标题引起了调查者的戒备心理,如《小学生考试诚信问题的调查》这一标题学生很敏感,可以用《小学生学习问题的调查》这样中性化的标题;③使用的概念很随意,在标题中所涉及的基本概念,不要用一般性的口头语,也不可生造词语,以免造成理解上的歧义。

6.3.2 卷首语

问卷的卷首语可以说是问卷的开场白,是写给调查对象的一封信,主要是向被调查者简单介绍问卷调查的主要目的、意义、内容以及研究者身份等。卷首语实际上也是研究者向调查对象做出的自我介绍。通过卷首语的自我介绍,调查对象才能从心理上和感情上接受研究者,接受这份问卷,愿意占用自己的时间和精力如实地回答问卷上的问题。问卷的卷首语部分需要交代清楚关于此次问卷调查的目的、匿名的保证以及调查者的个人身份或组织名称等方面的信息,确保调查对象了解问卷调查的意义,能够真实回答。因此,卷首语内容表述不清晰,就会引起被调查对象的拒答。

赵世明和王君认为,卷首语的主要内容有6个方面,分别是:问卷的目的和意义、问卷的内容、填写内容、保密承诺、感谢辞和调查者身份。①

6.3.3 指导语

指导语是关于问卷填写方式的注意事项,用来告知调查对象如何正确地填写问卷和回答问题。指导语的作用主要表现为两个方面:一是规范填写问卷,方便问卷的整理和录入,提高问卷的有效回收率;二是对问卷或问题中涉及的概念或关键词做出必要的解释或界定,避免误答,从而保证问卷填写内容的一致性和有效性。

指导语应简短明了,主要包括总体指导语和分类指导语。其中,总体指导

---

① 赵世明,王君. 问卷编制指导[M]. 北京:教育科学出版社,2006:64-65.

语是对整个问卷都有效和适用的,一般呈现在卷首语之后、正式问题之前,可以举例,也可以用文字说明,或者两者并用;分类指导语规定了问卷中各部分、各类型问题的填写与回答要求和方式,一般呈现在一组相同类型问题的前面,特殊情况下,一道题目就需要一条单独的指导语。

调查问卷设计中指导语非常重要,往往决定被调查者是否会合作,直接影响着问卷所得资料的真实性。如果指导语不明确,就会导致调查对象在答题时出现错答或漏答问题,无法有效地回答问题。指导语应放在调查问卷题目的前面,措辞要礼貌,不要涉及个人隐私,以解除被调查者的顾虑。

指导语主要包括下列内容:①称谓;②说明进行该项调查的目的和意义;③说明问卷题型;④说明对谁的情况进行回答;⑤强调被调查者的回答不存在对或错并将得到充分的信任和保密;⑥强调答题方法和要求;⑦说明被调查者填写问卷的重要性;⑧说明进行该项调查的人或组织的身份以及调查日期。

案例 6-1:小学生社会性发展调查问卷

尊敬的老师:您好

这是一项关于小学生社会性发展的调查,目的是了解小学生社会性发展水平。本次调查有选择题、填空题和开放题,填写时请根据实际情况,将具体数字填写在横线上或在选项前打钩"√"。

非常感谢您对本次调查的合作和支持。

小学生社会性发展研究课题组
2020 年 8 月

1. 您的性别:A. 男,B. 女
2. 您从事小学教育的年限_____周年。
3. 您现在的职称是:
   A. 未定级　B. 二级教师　C. 一级教师　D. 高级教师　E. 其他
4. 您所在的学校情况:
   A. 城区学校　B. 乡镇学校　C. 乡村学校　D. 其他
5. 您任教的班级是几年级?
   A. 一年级　B. 二年级　C. 三年级　D. 四年级　E. 五年级　F. 六年级
6. 请简要说明该班学生社会性发展情况如何。

点评：本调查问卷卷首语和指导语中的问题分析及解决。

(1) 调查目的过于简单和局限。指导语中写了"目的是了解小学生社会性发展水平"，这样的调查目的过于简单和局限，因为作为小学教育而言，调查目的不仅要了解小学生社会性发展水平，还要在教师了解小学生社会性发展水平的基础上，对小学生社会性发展进行教育培养，进而促进小学生社会性发展水平的提高。因此，正确表述应该是"目的是了解小学生社会性发展水平，并为小学教师更好地培养小学生社会性服务"。

(2) 有开放题，对调查结果难以归类整理。由于调查者受知识、经验等水平影响，不知道问题下面可提供哪些选项，因此只提出问题，由被调查者自由回答。如"请你说明该班学生社会性发展情况如何?"这个问题，不同的小学生有不同的回答，致使回答的多样性，会增加调查资料整理的工作量及难度，并有可能难以收集到所需要的信息，所以一般不采用开放题的题型。除非在对一问题选项没有把握前，在正式调查前可先进行开放式提问，然后对被调查者的回答进行归类后，列出选项，这样使问题变成封闭式问题，再将问题放入调查问卷开展正式调查，让被调查者选择，如可将刚才的大问题变成有关幼儿社会性方面的若干小问题，然后提供选项，变成选择题。其优点是：有利于被调查者节约填答时间，保证问卷有较高的回收率和有效率；易于进行整理、比较和数据的统计分析。

(3) 没有说明对谁的情况进行调查。指导语中写了"填写时请根据实际情况"，具体是"谁"的实际情况，没有明确说明。作为一份问卷，应明确说明根据"谁"的实际情况进行回答。这是一份小学生社会性发展调查问卷，因此调查内容中涉及小学生社会性发展方面的内容，肯定是根据小学生的情况回答，但调查问卷中还涉及教师、小学生的情况等，因此应具体说明"请根据您及学校的实际情况、您对小学日常观察了解的情况作答"，这样表述就完整了。

(4) 没有消除被调查者的顾虑。指导语中写了"填写时请根据实际情况"，但没有说明"被调查者的回答不存在对或错"，也没有说明"对填写的所有信息做到严格保密"等，这样让被调查者有心理负担，担心自己填写的真实情况是否会带来负面的影响，于是导致哪个选项正确、好，就选哪个选项，调查者不能得到真实、有效的信息，这样的调查也就没有价值和意义。因此，在指导语中应该消除被调查者的顾虑，让其放下心理包袱，反映真实情况。指导语可以这样写：

"由于每位教师及小学生的情况不尽相同,因此每题所提供的选项均没有对错之分。此外,每名小学生的情况仅作为所有小学的一个代表,因此本调查不公开小学生及其家长、校长的信息,也不对小学生自身、小学教师或学校工作做任何评价,请放心如实填写。我们郑重承诺对您填写的所有信息做到严格保密。"

(5)答题方法不清晰,易引起混淆。卷首语中写了"将具体数字填写在横线上或在选项前打钩'√'",这样导致数据输入者搞不清楚被调查者到底选择的是哪个选项。为了便于统计,选项前应用(1)(2)(3)等,因此清晰的写法应是:"将每题的具体数字或选项前的合适的数字填写在题目前的[ ]内",这样清晰明了,便于数据的输入和统计处理。

案例 6-2:总体指导语

填写问卷时不要与他人商量,不要在问卷或答题卡上写上你的名字。

仔细阅读每一个问题,只能使用发给你的铅笔,在答题卡上将相应答案的圆圈涂黑。

请这样涂黑答案的圆圈● 不要这样⊗ 或这样⊘

6.3.3 问　题

问题是问卷的主体,问卷调查的主要结果皆来自对问题的回答和反应。问题由题干(问题内容)和选项(问题答案)组成。由于调查目的、性质和特点不同,问题在内容、形式和编排上都有所不同。

6.3.3.1 问题的表述

问题的表述要做到通俗易懂,不要使用过于专业化的术语;问题的表述不带倾向性;问题中不能有双重事项;问题中涉及的概念要有明确的含义。

常见的主要错误有:①问题的陈述过于冗长,引起被测试者的厌烦心理,降低认真作答的配合程度;②两个以上的调查指标在同一题目中出现,同时询问两项内容,造成被调查者不知如何作答;③问题是带有某种倾向的暗示性问题,如"您对学校提供的午餐很满意,是吗?"可以改为"您觉得学校提供的午餐怎么样?";④问题的提问方式不符合语言习惯,一般人们习惯于肯定形式的提问;⑤问题中使用不确切的词,如"经常""偶尔""有时"这一类词,如果必须使用这些词,应该给予某种解释或定义;⑥问题数量过少或过多,影响真实、有效地回答问卷问题。

6.3.3.2 问题的选项

答案择项的设计要遵循两个基本原则:穷尽性和互斥性。穷尽性,即所列出的答案选项包括了所有可能的情况,对一些不能穷尽的问题,可以在所列出的若干答案的后面加上"其他"或"其他(请说明)"之类的字样。互斥性,即问题答案的选项之间不能相互重叠、相互包含或交叠,也就是对同一个问题,只能有一个选项适合调查对象。

存在的主要错误有:

(1)问题的选择项没有包括所有可能的情况。面对这样的问题,选项往往使得被调查者无法从中选出最符合自身情况的选项,无形中降低了调查结果的可信度。比如,有的教师在调查学生对小学道德与法治学科的喜欢程度,列举的选择项目是:①很喜欢;②喜欢;③较喜欢;④不够喜欢;⑤不喜欢;⑥很不喜欢。这些项目虽然包容了喜欢与不喜欢的所有变化程度,但忽视了中性项目"一般",致使一些持中性态度的学生只得偏向一极,做出选择,影响调查结果的真实性。

(2)某个选项包含其他选项或者某两个选项的意义有交叉。例如,某中心发布的统计报告中,关于"哪一种网络广告形式最能吸引您点击"的选项分别为动画式广告、横幅式广告、跳出窗式广告、文字式广告、邮件式广告、插播式广告,最终的调查结果是动画广告以66.5%的比例位居首位。其实在问题选项中对网络广告形式的分类是不合理的,"动画式广告"实际上并不是一种广告形式,只是网络广告内容的一种表达方式,各种形式的网络广告都可以设计为动画式。可见,问题选项的不准确描述既影响被调查者的作答,也严重降低了调查结果的可信度。

6.3.3.3 问题的编码

编码是为问题或指标的不同取值所编制的字符代码。在录入电脑时以代码来表示问题或指标的不同选项或取值,方便计算和统计分析。比如,在特征问题中,为性别变量编码时,可以用"1"代表男性,"2"代表女性。同样是为了录入和统计分析的方便,有时还需要在问卷上标注"栏码",即为问题设置字符长度。

6.3.3.4 问卷的结束语

结束语并不是所有问卷都需要。出于礼貌和整体的考虑,最好在问卷的结尾处编写一个短句或一个问题作为结束语,表示问卷的填写到此结束。

结束语主要包括以下 4 种内容:再致感谢辞;请调查对象再次检查或复核问卷的填写内容;最后一页或问卷到此结束的提示;调查者的联系方式等

6.3.3.5 问题的编写

问卷的编写是问卷编制的核心工作。在解决好问卷调查的目标、内容结构等问题后,就进入问题编写阶段。首先是根据问题内容的要求确定问题的形式,是采用选择开放型问题,还是封闭型问题;是采用单项选择题,还是多项选择题,做到心中有数。

6.3.3.6 问题的形式

问卷中经常用到的是封闭式问题。封闭式问题的形式多样、功能灵活、信息量大,是问卷中的主力题型。开放式问题的形式单一,但作用不可替代。要根据问题的性质和特点,选择功能最为匹配的题型。问卷中问题的常用形式有 7 种,分别是填空题、双向选择题、多项选择题、排列式选择题、矩阵式问题、后续式问题和问答题。这 7 种形式,有 5 种比较熟悉,下面仅对矩阵式问题和后续式问题这两种形式做进一步的分析。

(1)矩阵式问题。矩阵式问题在监测问卷中较为多见,主要是将具有相同特征或性质的几个问题以矩阵或表格的形式排列在一起,但并不是几个同类问题的简单堆积。它有三大好处:一是可以方便学生集中回答同类问题,节省读题时间;二是可以减少问卷卷面篇幅,使问卷变得更精炼;三是有利于学生对同类问题形成对比,做出更合理、更真实的回答。

(2)后续式问题。后续式问题用于对某些特定人群提出拓展性问题,了解更为深入的信息资料。其一般由两部分组成:一是首要问题;二是后续问题。

6.3.3.7 问题内容的编写

我们知道,一份小学德育质量监测问卷的质量高低,关键还是看其中所设计的问题的质量和水平状况。所以,问题内容的编写在整个问卷编写工作中占据核心位置。如果在问题编写过程中注意遵循问卷编写的特定的要求和规则,问题的质量就会有保证。

(1)问题要与研究目标直接关联。

这是问卷编制的目的性原则对问题编写的具体要求。也就是说,应保证问题中的每一句话、每一个字都与研究目的有关。必须做到3点,以确保问卷的质量:一是完全无关的问题要删除;二是可有可无的问题也要删除;三是虽然有关但无法进行后续处理的问题要删除。

比如,问卷前面的特征性问题,许多人并不在意其中的问题是否与研究目的有关,仅仅当作搜集调查对象的背景资料。其实,在选择背景资料的问题时,要有研究目标,主要是思考两个问题:一是思考每个问题是否与目标有关,如小学生的家务劳动情况调查,性别、年龄、年级、学校和居住地等与家务劳动有关,或者都可以用来分析作业状况的组间差异,但是,如果其中加入"是否是少先队员"之类的问题,就与研究目标关系不大了。二是要思考哪些与目标有关的问题还没有包括进来,这是很重要的。

(2)问题的内容清楚明确。

在许多问卷中,经常存在读不懂题的情况,特别是问卷中有让别人看不懂的概念或词语,这是很不好的现象。如果教师和学生不能准确理解题中应有之义,那么回答问题的准确性就可想而知了。

赵世明和王君认为,题目内容含义不清主要表现为5个方面:问题指向不明确、问题中包含双重问题、问题中包含抽象概念、问题包含专业术语和问题范围不加界定。[1]

题目1:您认为目前小学生的生活状态如何?

A. 一般　　B. 很好　　C. 不好　　D. 说不清

(点评:题干中的"生活状况",虽然不难理解,也不是抽象概念,但是包含衣食住行各个方面,被调查者在回答时,只能按照自己的理解去回答。)

题目2:您认为目前小学生的道德与法治学科学习状况和健康状态如何?

A. 一般　　B. 很好　　C. 不好　　D. 说不清

(点评:题干中"学习状况"和"健康状态"混在一起,让被调查者很难做出同步的回答。最好将这类问题拆成两个问题。)

---

[1] 赵世明,王君.问卷编制指导[M].北京:教育科学出版社,2006:99-102.

题目 3：您认为当前小学的教学体系能否适应 21 世纪未来社会发展的需要？

A. 很适合　　B. 适合　　C. 不适合　　D. 很不适合

（点评：题干内容过于宏观和抽象，如教学体系、21 世纪和社会发展等抽象概念，被调查者只能凭猜测答题，会影响调查数据的真实性。）

题目 4：2020 年，我国修订的《未成年人保护法》认为，学生欺凌是指发生在学生之间，一方蓄意或者恶意通过肢体、语言及网络等手段实施欺压、侮辱，造成另一方人身伤害、财产损失或者精神损害的行为。您认为，在过去的一周里，您有多少天受到同学欺凌？

A. 0 天　　B. 1～2 天　　C. 3～4 天　　D. 5～6 天

E. 每天都受欺凌

（点评："欺凌"是一个专业词汇，有其特定的含义。以该概念作为问题的核心内容时，必须向调查者交代清楚，形成统一的理解和认识，否则答案就会变得五花八门，毫无价值。因此，命题时要特别注意那些看似普通的专业词汇。）

6.3.3.8 问题不能带有倾向性

问题中带有"倾向性"，有些是有意的，有些是无意的。所谓"倾向性"，就是指在问题中包含某些暗示或诱导因素，影响被调查者沿着问题内含的潜在意向回答问题。某些问卷调查是为了达到所谓预期目的，有意在问题中设定潜在的倾向性词语或语句，影响被调查者朝着问卷设计者的预期方向回答问题。还有一部分问卷中的问题是在无意中掺杂一些倾向性因素，同样会影响被调查者的答题取向，导致问题回答的结果不客观、不真实。

如何避免或发现问题是否带有倾向性呢？一是问题中不能使用对一般人具有很强影响力的对象做陈述的主语，如"大多数人""大家"，避免形成从众心理；或者权威群体，如"老师""领导""专家"等，避免出现屈从心理。二是尽量避免使用部分人的意见作为问题的陈述语，误导被调查者。三是尽量避免使用肯定或否定语气比较强烈的陈述句。

6.3.3.9 问题不能出难题

用精练的语言设计问题，不要过分赘述，避免句子冗长，否则适得其反，增加学生的作答难度。例如，"在你的观点里，小学道德与法治课堂中的哪个阶段对你的学习成绩的提高是最重要的?"过于冗长,可精简为"你认为小学道德与法治课里哪个阶段最重要?",让读者一目了然。当然,也最好不要使用双重否定,因为读者在提取问题信息的过程中容易出错。比如,"你不认为不使用网络学习小学道德与法治是便利的吗?"双重否定的语言在一定程度上是增加难度的,将干扰小学生做出正确的选择。

6.3.3.10 问卷设计中敏感性问题的处理

一般的问卷设计可以从问卷的提问方式、备选答案的设置以及语句的措辞等方面来加以注意,避免因问卷本身设计的缺陷而使本来为"非敏感性"的问题变为"敏感性"问题。

如若确实要提出敏感性问题,可采用如下处理方法:

(1)运用说明性语言。问卷开头加入一些说明性语言,说明调查机构与调查人员始终恪守行业准则与职业道德,对被调查者的个人信息及所提供的数据资料将予以保密,来降低被调查者的心理防卫。例如,对"在校小学生诚信情况进行调查"中可在问卷开头说明:"您好,我们是××课题组的成员。为了解目前在校小学生的诚信,我们将征询您的看法。请您客观陈述您的观点,我们将对您的回答及个人信息予以严格保密,不予外泄!感谢您的支持与配合!"用这种说明性的语言向被调查者说明我们进行的是一项常规的课题研究调查活动,从而达到降低心理防卫的目的。

(2)运用转移法或解释法。转移法即采用第三人称方式提问,将本该由被调查者根据自己情况回答的敏感性问题,转移到他人作答来降低敏感度。例如,"许多同学在考试中都多多少少作弊,您知道都有什么原因促使他们作弊嘛?"如直接提问"您考试作弊嘛?"会引起其心理防卫而拒绝回答,采用转移法将被调查者的视线转移到其他人身上,降低了其心理防卫从而提高答案准确率。解释法即在提出敏感性问题时声明这种行为或态度是常见的,以此来拉近与被调查者的距离,如"现在许多人都患有失眠方面的问题,请问您有这方面的困扰嘛?"如果直接提问"您有失眠嘛?",被调查者会由于个人隐私而拒绝回答,采用解释法让他知道患有失眠是许多人面对的共同问题,是一种常见行为,不是他一人独有,从而获得相对正确的答案。

(3)运用过滤性问题。过滤性问题的作用类似于过滤器,即通过设置一个或一组问题作为条件以筛选被调查者,问题答案符合条件的被调查者继续作答，而排除不符合条件者。如某校对其学生的身体特征调查中，就会遇到涉及不同性别学生的敏感性问题。很明显，女生的生理特征在此项调查中为敏感人群，这样的调查肯定招致其拒绝，所以在问卷设计中要充分考虑到这一点，可在问卷开头提出"您的性别为__男性/女性"这一过滤性问题，若被调查者为男生，则按照设定的问题顺序继续调查；如为女生，那么调查终止或请其跳答×题（非敏感性问题）。当然，如果调查的目的就是收集敏感人群的意见，这种方法显然不适用。

在问题编制中敏感性问题的设计，还可以采用迂回提问、投射式提问、假定性提问、委婉性提问等方式。其中，迂回提问是以间接问题了解所要测的内容；投射式提问是不直接问被试者自己的看法，而是让被试者对周围其他人的想法做出评定，被试者常会把自己的看法投射到周围其他人身上，做出真实反应；假定性提问是假定回答者犯有某不规范行为，并使他不得不在确实犯有该行为时得以承认；委婉性提问是用委婉的令人愉快的方式或言语提问，使回答者产生接纳心理。

6.4 问卷编制的程序

6.4.1 明确中心概念，确定调查范围

调查"小学生学习时间"，首先应明确中心概念"学习时间"的含义，并在此基础上，根据调查目的和调查对象的特点，确定问卷中要调查哪些具体的"学习时间"。事实上，研究者往往不可能对小学生学习时间的所有方面都进行调查，而只能或只需调查其中某些方面或某几个部分。例如，"学习时间"有几种，而研究小学生的学习时间，只需要研究其中重要的"上课时间"和"作业时间"即可。

6.4.2 分解中心概念，构建问卷框架

调查"小学生学习时间"，根据小学生的学习需要和特点，把学习时间分解为上课时间、作业时间、补课时间、睡眠时间等，这样就建立起关于小学生学习时间调查问卷的结构框架。

6.4.3 将大问题分解,设计具体的题项

小学生完成学习时间的问卷设计,就可以从上课时间、作业时间、补课时间、睡眠时间等5个维度,设计具体的问卷题目。

同时,加入必要的防伪题目。与能力测验不同,问卷的作答容易"造假",如随意填写学习时间等,这会对数据的有效性产生影响。因此,在编制问卷时,可以适当加入防伪题,来测查学生如实作答的程度。防伪题一般有两种方式:一种是效度量表,如社会称许性量表,测量小学生受社会称许性影响的程度;另一种是将同一问题变换一种提问方式,形成一个问题,放在问卷的其他位置,与原问题拉开一定的距离,看小学生是否做出一致的回答。如果学生在效度表上得分很高(作假性可能很高),或者同一题目前后回答不一致、差异较大,则认为学生没有如实填写问卷,其数据的有效性可疑。①

6.4.4 广泛征求意见,修订题目

初步编制出问卷之后,可以找学校领导和其他有关教师对问卷提出修改建议,对那些理解上存在歧义的题目进行修订。

6.4.5 预先测试

预先测试问卷需要从调查总体样本中抽取一个样本进行测试,然后根据试测结果,对问卷进行再次修订。预测要对问卷表述的方式、项目、内容能否被调查者所理解进行检查,并求出问卷的信度、效度。预测时,调查对象人数不需很多,如果调查对象是从明确的同质群体中抽选产生,通常20人就足够了,对异质群体来说,预测人数最好多一些。

黄娟娟认为,试测应注意的原则:①试调查对象应取自将来正式调查准备应用的群体;②试调查的实施过程与情境应力求与将来正式调查的情况相近似;③试调查时限可稍宽一些,最好是每个被调查者都能将题目做完,以收集较充分的反应资料,使统计分析的结果更为可靠;④在试调查过程中,应对被调查

---

① 边玉芳,梁丽婵.基础教育质量监测工具研发[M].北京:北京师范大学出版社,2015:105.

者的反应情形随时加以记录;⑤试调查用的问卷应是完整的,而且要比正式调查问卷留出更多的空白和空行,鼓励被调查者提出有关意见,如关于文字表达、令人误解的问题、是否有多余的问题,以及提供的选项有没有不正确、不恰当、含糊等情况。①

6.4.6 正式测试

根据试调查反映的问题,进行项目分析和修改试调查问卷后,根据被调查者提出的有关意见和建议,对调查问卷进行修改和完善。修改和完善中特别注意两点:一是要严格控制问卷题量。调查时间(含介绍调查目的意义)以 30 分钟左右为宜。一般来讲,问卷长度只要足以获得重要资料即可。二是要确保获得的资料便于统计分析。如何统计和分析收回的调查问卷,是我们在设计问卷时必须重视的问题。如果不能预先确定如何统计和分析资料,就不要问那些问题,以免造成统计和分析上的混乱,给调查带来不必要的负担。只有这样,一份正式调查问卷才算可以出炉了。

在正式测试之前的前 5 项程序都有利于提高问卷设计的水平。

6.5 问卷中"问题"编排的原则

6.5.1 基本准则

问卷调查中的"问题"编排遵循一定的准则,主要是由易到难;由熟悉到陌生;先行为问题后态度问题;感兴趣的问题在前,有顾虑的问题在后;辅助性问题在前,敏感性问题在后;封闭式问题在前,开放式问题在后。②

6.5.2 其他原则

调查问卷在问题编排上,除了遵循上述原则,还要注意同类组合的原则,即把相同主题性质的问题排列在一起,如果将相同主题性质的问题散落在问卷各

---

① 黄娟娟.教育调查问卷设计的常见问题及应用[J].上海教育科研,2015(5):51-55.
② 马德峰.问卷调查中的"问题"编排准则[J].社会工作(学术版),2011(10):8.

个部分,会使人感到混乱与重复,致使回答问题的思路经常中断或者来回跳动,不利于作答;注意问题的时间排列顺序原则,即通常根据时间序列由过去、现在、将来排列问卷问题。当然,上述所讲的问题编排原则之间并不是相互排斥的,而是相互结合共同构成一个整体,需要在问卷设计过程中予以通盘考虑。

参考文献

[1] 廖伯琴,李晓岩,刘芮.国际教育质量监测的问卷设计分析及启示[J].外国中小学教育,2016(5):15-21.

[2] 王烨晖,秦可心,张楠,等.PISA问卷的最新发展趋势[J].中国考试,2020(5):16-18.

[3] 边玉芳,梁丽婵.基础教育质量监测工具研发[M].北京:北京师范大学出版社,2015:105.

[4] 赵世明,王君.问卷编制指导[M].北京:教育科学出版社,2006.

[5] 边玉芳,梁丽婵.基础教育质量监测工具研发[M].北京:北京师范大学出版社,2015.

[6] 黄娟娟.教育调查问卷设计的常见问题及应对[J].上海教育科研,2015(5):51-55.

[7] 马德峰.问卷调查中的"问题"编排准则[J].社会工作(学术版),2011(10):8-10.

第 7 章
监测工具的质量评价

工具研发是质量监测的核心程序,也是质量监测最关键的环节,质量监测的科学性、有效性,在很大程度上取决于工具开发。当然,任何工具研发都不可能是百分百科学的,在工具研制过程中重要的一点就是要借助现代教育评估监测理论和技术对工具进行修正完善。测评工具的质量一直都是工具开发的一个关键要素。与传统的学业成就性测验相比,虽然义务教育质量监测属于低利害测验,测验结果对学校和学生等个体没有直接影响,但是公平性仍然是教育质量监测工具值得优先考虑的关键事项。它决定着能否全面客观地收集到监测对象的真实信息,最终实现监测促进教育质量提高和均衡发展、服务教育决策的目的。[①] 其中,最重要的是监测工具的质量评价问题。

7.1 监测工具的公平性问题

7.1.1 监测公平性期待下的监测工具要求

7.1.1.1 教育测验公平性的内涵

经济合作与发展组织(Organization for Economic Cooperation and Development,OECD)在 2012 年出版的《教育的平等和质量:支持弱势学生和学校》

---

① 陈晨.基础教育质量监测中的公平性问题——美国 NAEP 的政策与实践[J].外国中小学教育,2011(2):11-15.

一书中,对教育公平给出了包括两个方面的定义:一是公平(fairness);二是全纳(inclusion)。要实现教育公平,一方面,在高利害的教育考试中(如高考、中考),需要通过保障考试的公平性守护教育公平乃至社会公平;另一方面,对于低利害的教育质量监测,也需要通过工具公平性的保障,切实保证监测结果的可靠性和科学性,使其能够对教育教学改革发挥最大程度的作用。教育测验公平性是指测验要公平、平等地对待考生,测验结果不受与测量构念(某一测验所要测量的全部知识、技能及能力等)无关的考生个体特征(如残疾、性别、种族、民族等)的影响。

7.1.1.2 国际上较为公认的两个标准

为了实现教育测验的公平性,相关机构所出台的教育测验评价标准提供了重要的制度保障。目前,国际上较为公认的标准有两个:一是美国《教育与心理测量标准》,二是著名教育考试机构美国教育考试服务(Educational Testing Service,ETS)公司的《ETS质量和公平性标准》。这两个标准都将教育测验的公平性放在非常重要的位置。

第一,美国《教育与心理测量标准》。1985年出版的美国《教育与心理测量标准》中,将公平性作为与测验的制作、评估和文件存档以及测验的应用相并列的第二大部分,包括测试和测验应用中的公平性、考生的权利和义务、多元语言背景考生的测试、残疾考生的测试4个章节的内容。这对我们的启发是,对于教育测验的公平性,应该从两个维度来综合考虑:第一个维度是测验公平性的对象,即应当全面地分析对象的特征,考虑到考生群体所具有的不同民族、性别、种族、语言背景及身体残障与否等,特别是对一些较为敏感的群体,应当保证测验分数对所有的子群体都是公正有效的。例如,我国幅员辽阔,民族众多,不同的民族有不同的生活习俗、语言文化。在进行全国范围的教育质量监测时,如何保证监测工具考虑到了不同民族的特点,对于少数民族群体的测量没有包含与测量目标无关的偏差,是保证教育质量监测工具公平性应当认真思考的问题。第二个维度是测验的整个过程,包括测验设计、开发、施测、评分、分数合成、分数解释等各个环节,应当在每一个环节中都考虑不同子群体的特点,实现真正的公平。

第二,美国教育考试服务公司的《ETS质量和公平性标准》与《教育与心理测量标准》相比,《ETS质量和公平性标准》更加具体,具有更强的操作性。在该标准中,公平性是第五章的内容。总的来说,2014年版的《ETS质量和公平性标准》为测验工具的公平性提出了新的要求。例如,对产品或服务提供公平的可及性,对测验提供注册、施测和结果报告方面的公平性证据。这对我们也有一定的启发。我国以往的测验,大多侧重通过报告测验成绩来评价考生、教师和学校,很少注重对于测验质量本身的评价。即使有关于测验质量评价的研究,也多从内容要素、信度、难度、试卷长度、题型等方面进行[1][2],很少从公平性的角度对测验质量进行评价。美国教育考试服务公司对测验质量的要求提醒我们,保证测验本身的科学、公平和公正,才是运用测验分数进行决策的前提。

相关的教育考试机构不仅对测验的命题、施测等环节负有直接责任,更重要的是要同时提供包括测验公平性在内的测验质量的相关证据,使得测验的公平性和有效性受到大众的监督,使得测验的结果更具有公信力。

综合以上两个标准可以发现,一方面,测验所涉及的所有环节,都与测验工具有关。测验设计、测验开发、测验评分这几个环节都以测验工具为主要对象,可以通过一些程序性的操作规范和相关的统计测量学指标,严格控制所开发的测验工具的质量,保证其满足公平性的要求;在后面的数据分析环节中,又可以通过教育测量中一些专门的技术和手段,对测验工具的公平性进行进一步的后验性评估,从而为分数的解释和使用提供更可靠的证据。另一方面,为保证测验公平性,提供测验工具公平性的证据是测验开发部门的主要责任和义务。因此,从已有标准对于教育测验公平性的规定出发,我们认为,保证教育质量监测公平性的核心就是要保证教育质量监测工具的公平性。

7.1.2 教育测量专业视角下监测工具公平性的技术保障

在教育质量监测中,涉及各种各样的教育测验工具,既包括与学业成就相关的试卷,也包括测试学生品德发展水平和身心发展水平等非学业水平的量表、调查学生课业负担的问卷、调查学生学习背景的问卷等。尽管教育质量监测工具的标准直接关系到监测结果的有效性和可信度,但是截至目前,仍然没

---

① 何家军.新课程高考质量评价标准体系研究[D].武汉:华中师范大学,2008.
② 付慧宇.高考试卷质量评价体系初探[J].天津师范大学学报(基础教育版),2011,12(2):70-72.

有形成普遍一致的专门针对教育质量监测工具的评价指标和标准。国外的相关标准对我国教育质量监测工具质量的研究和保障提供了重要的参考。

从教育测量专业的角度出发,仅针对教育质量监测工具中的学业成就相关测验,如何通过一些技术手段保障测验工具的公平性,是接下来要着重介绍和探讨的方面。

7.1.2.1 测验等值

在教育质量监测中,由于测试的内容较为广泛而测试的时间极为有限,常常会用到矩阵抽样的技术,这时会出现考察同一个内容的多个测验形式,为了实现这些测验分数之间的比较,往往需要使用测验等值的方法。除此之外,在教育质量监测中,有时还需要对同一测验内容不同年份的测验结果进行比较,以得到某些群体的能力发展变化情况,这时也需要使用测验等值的方法将不同测试时间得到的结果链接起来,使之具有可比性。在教育质量监测等值中,通常应当包括以下 4 个步骤:

一是确定等值目的。这跟测验的整体设计有关,如在矩阵抽样设计中,等值的目的就是将这些不同学生在不同题册上作答的分数实现等值。

二是设计数据收集方式。设计数据收集方式(等值设计),即确定采取何种方式对考生实施测验。等值设计的基本原则就是使得所采集的数据能最有效地提供不同测验版本的差异信息,也就是说,数据采集中的特殊设计使不同版本测验之间得以建立联系。基本的等值设计有单一组设计、随机等组设计、平衡设计、非等组铆测验设计等。归根到底,这些设计的区别就在于建立不同版本测验之间联系的方法不同,基本就是"铆人"和"铆题"两种。在教育质量监测中,普遍使用的是铆题的方式。

三是对考试分数进行等值处理。基于不同的等值设计和理论假设,已经有大量较为成熟的等值方法。等值根据依据的理论,可分为经典测量理论(classical testing theory,CTT)等值和项目反应理论(item response theory,IRT)等值;根据等值的直接操作对象,可分为测验分数的等值和项目参数的等值;根据等值关系的假设是否为线性,可分为线性等值和非线性等值;根据等值测验之间的关系,可分为水平等值和垂直等值;根据等值进行的步骤,可分为分别等值和同时等值。

四是等值结果评价。等值完成后需要对等值结果进行评价,论证所估计的等值关系的可靠性和准确性。等值结果评价可以从测验编制、施测、统计方法以及依据的等值假设等方面进行,评价的主要标准就是等值误差。

7.1.2.2 项目功能差异分析

项目功能差异(differential item functioning,DIF)指的是一个项目(题目)在不同团体中引起的差异,或者说是在两个具有相同能力但有不同匹配的组别中引起的差异。从最初的公平性研究一直到现在测验的信效度研究,DIF 的检测一直在发挥着很重要的作用。[1] 只有当引起 DIF 的原因是两组被试在与测验所测的能力无关的知识或经验上存在差异时,才能认为具有项目偏差。例如,以英语为母语的学生和以英语为外语的学生在同一个数学测验中的分数差异,包含着因语言限制造成的偏差。但是,存在显著的 DIF 是测验不公平的必要而非充分条件。1986 年夏开始,ETS 对测验的编制过程规定:必须对试题进行 DIF 的分析,对试题的常规分析过程加入了一个 DIF 指数。

目前,关于 DIF 检验已经发展出很多相对成熟的方法。分析方法的类别主要有[2][3]:一是根据项目的计分方式,可分为适用于二级计分(如 MH、SIBTEST、LRDIF 和 STND)和适用于多级计分项目的方法(如 LRDIF、STND、SIBTEST、DLA、MLA 等);二是根据方法是否以参数估计为基础,可分为参数方法(如 IRT 和 LRDIF)和非参数方法(如 SIBTEST、MH、STND 等);三是根据匹配变量是否是真分数,可分为实际得分(如 STND、MH、LRDIF 等方法)和潜在能力(如 IRT 等)为匹配变量的方法。不同方法在概念、计算和解释方面都不同。关于各种方法的评价,已有研究也没有得出一致性的结论。在实际中往往需要使用多种方法,对一致性判定为 DIF 的题目进行重点考察。

7.1.2.3 低利害测验中的不努力作答分析

与传统的教育考试不同,教育质量监测中的学业成就测验结果一般不会直接报告给学生个体,也不会对学生个体的分班、升学等造成直接影响,因此属于低利害测验。在这种低利害测验中,学生可能没有足够的动机在整个测验中都

---

[1] 汪文义,张华华.统计测量视角下考试公平推动教育公平的对策[J].江西师范大学学报(自然科学版),2017,41(4):385-393.

[2] 于媛颖.多种 DIF 检测方法的比较研究[D].北京:北京语言大学,2004.

[3] 张勋,李凌艳,刘红云,等.IRT-Δb 法和修正 LR 法对矩阵取样 DIF 检验的有效性[J].心理学报,2013,45(8):921-934.

保持非常努力的状态,很可能出现一些不努力作答的行为。在现代测量理论中,很多测量模型的建立都默认学生在作答题目时给予了每道题目足够的努力程度。因此,如果在测验中出现了不努力的行为,那么原有的测量模型就不能处理这种情况,会造成一些有偏差的估计结果,如考生的能力值会被低估等。

在教育质量监测中,如果这种不努力的行为比例较大,也会对群体的汇总分数造成较大偏差,进而影响教育质量监测结果的公平公正。因此,在大规模的教育质量监测项目中,越来越多的研究者开始关注测验中不努力作答的影响及识别。如果能够通过恰当的分析方法,找到含有较大比例不努力作答的题目,在工具修正或数据分析的环节加以处理,将会进一步保障教育质量监测的公平性。

已有的研究提出了4类方法识别不努力作答的行为:自陈量表方法、个人拟合指标、混合IRT模型和基于反应时的方法。其中,随着计算机测验的发展,基于反应时的方法得到了极大的发展和应用。这类方法大多通过设定阈值,然后将考生在题目上作答的反应值与阈值比较,判断作答是否属于不努力作答。目前研究较多的方法包括正态阈值方法(NT10)、正确率和反应时的累积分布方法等,这两种方法也被研究者证明表现较好。

7.1.3 监测工具公平性保证的具体举措

7.1.3.1 科学命题是保证公平性的基础

在明确测验的目的和内容后,依据测验蓝图进行科学命题是教育质量监测工具开发中至关重要的环节。

首先,为了保证工具的公平性,测验的开发团队中应当包括不同背景的专家,即专家的地区、民族等应当尽可能覆盖与测验目标群体一致的范围。例如,在中国基础教育质量监测协同创新中心对我国义务教育小学德育相关因素监测工具研发的过程中,命题的团队除了高校和研究机构的专家学者,还有来自全国各地教育教学一线的教研员和优秀教师,具有广泛的代表性。通过增强工具研发团队的代表性,不同背景的专家在命题的同时,能考虑到各群体考生的特点、典型的思维方式和作答反应,从而对题目是否会存在偏差做出经验性的判断,进而保证工具的公平性。

其次,在教育质量监测价值取向上,中国"以县为主"的教育管理体制,东西部之间、城乡之间存在教育不均衡现象。考虑到这些差异,在工具研发阶段,就应当充分考虑到监测对象的异质性,在命题团队的组建、命题人员的培训、命题过程的把控等方面都加强对公平性的监督。例如,"命题和审题人员应该受过专业培训,对于测验的使用地区可能涉及的公平公正性审视方针和政策,他们要非常熟悉"。但是,这些建议在实际的教育质量监测工具研发阶段是否能够被采纳,履行的程度如何,又是值得调查和反思的问题。

7.1.3.2 保证公平性的途径:合理实现等值设计和方法选用

由于教育质量监测中会普遍应用到矩阵抽样的设计,因此需要使用测验等值的方法对数据进行处理,以保证完成不同题册的考生所得到的能力估计结果是可比的。另外,根据教育质量监测的目的,不仅要了解测试当年的实际状况,还需要掌握质量的变化发展趋势,对不同年份的测评结果进行分析比较,这也需要用到等值的方法。[①] 为保证测验等值的结果准确、可靠,应当采用合理的等值设计,并选用恰当的等值方法。

首先,在等值设计方面,应当在监测工具研发阶段制订科学可行的等值方案。例如,在进行测验设计时,由于锚测验(不同测验中相同的题目)本身对等值结果有显著的影响,因此应当尽量满足锚测验的相关要求。这些要求包括:锚测验应当包含足够多的题目,至少为测验总题量的20%;锚测验应当具有内容代表性,并且难度参数的均值与总测验相等。基于测量学理论,从整体上科学地架构整个教育质量监测工具的测验设计,也是保证工具公平性的重要途径。然而,在实际中,由于缺乏相关的测量统计学知识,在测验设计中不考虑等值,而在结果比较中又默认分数可比的现象比比皆是。例如,如果两年的监测工具中没有共同题,参加测试的群体中也没有子群体同时参加了两个测试,那么即使监测的目标和内容相同,也不能对两年的整体状况做出比较。目前,大部分的国际测评项目大多采用共同题的方法来实现等值的目的。在中国传统考试文化背景下,这种方法是否合适?如何修改完善?这些如何实现两年以上的发展趋势动态分析?这些都需要更深入地预研究和精心设计。

其次,在等值方法选用方面,应当基于已有的比较等值方法的研究结论,并

---

① 杨涛,辛涛,罗良,等.义务教育数学教育质量监测的探索与思考[J].数学教育学报,2018,27(5):1-7.

结合教育质量监测的等值设计及数据特点,选用适当的方法。例如,在一些国际大型教育质量监测项目(如国际学生评价项目 PISA)中,多采用基于共同题的项目参数等值,另外还会对预试中发现的在不同语言或者不同年度间表现差异较大的群体,使用单独估计的题目参数。为了确保等值方法的选择更加符合教育质量监测的实际需求,可以采用模拟研究的方法,基于本次教育质量监测实际的等值设计及数据结构产生数据,对各种等值方法进行比较和评价,从而找到对于某次教育质量监测的实际数据最为准确的等值方法。

7.1.3.3 保证公平性的重点:基于相关指标修订工具

教育测量学的发展为科学地评价工具公平性提供了可能。DIF 分析和不努力作答分析等手段,可以对监测工具做出更加科学、准确的判断。结合这些指标的概念和算法,可以采用先验或后验的方式加以应用。先验的方式主要是指在利用工具正式施测之前,通过分析预试数据在各指标上的特征,发现可能存在 DIF 或者容易诱发不努力作答的题目,对其进行删除或修订。后验的方式主要是指在利用工具正式施测之后,通过相关指标的计算,在后续的数据分析中考虑有偏差的题目并予以处理。例如,可以在最后的分析中删除 DIF 较大的题目,删除判断为不努力作答的个体作答,也可以在最后测量模型构建中考虑作答努力程度的影响等。

目前,各地义务教育质量监测主要是采用先验的方式。例如,在研发小学德育教育质量监测工具时,无论是测试题,还是问卷题,除专家多轮次审核外,都经过预测试及修订,确保了所有题目具有良好的测量参数和良好的质量保障。这能够在很大程度上避免出现含有 DIF 的题目。但是,在实际的监测实施中,由于其具有低利害的特点,会有很多学生出现不努力作答的行为,这将大大影响结果的准确性,甚至影响地区之间、年度之间比较的结论。因此,在数据收集之后,通过后验的方式对数据进行清理,并删除有问题的题目避免入库,总结这类题目的特征以帮助下一次的工具研发,也是需要重视的方面。笔者希望能够通过这些技术手段,进一步保证教育质量监测工具的公平性。

7.1.3.4 维护公平性的制度保障:加强教育质量监测工具监控

美国的《教育与心理测量标准》和《ETS 质量和公平性标准》对我国教育监测工具公平性的监控提供了很好的借鉴。自 2015 年《国家义务教育质量监测方案》实施以来,我国已经持续开展了 6 年多的全国义务教育质量监测工作。

为了积极响应国家号召,全国各地也对开展区域性的教育质量监测做出了积极尝试。

然而,由于教育质量监测是一项专业性较强的工作,目前很多地区尚不具备独立开发高质量监测工具,通过标准化流程实施监测等条件。为了严格把控教育质量监测工具的质量关,切实保证监测工具的公平性,有必要在借鉴国外先进经验的基础上,制定适用于我国的教育质量监测工具公平性标准,作为教育质量监测领域的行业标准。从教育质量监测工具的研发流程到相关的测量学指标等方面,对公平性做出具体规定。例如,可以要求工具研发部门对将要投入使用的工具出具质量报告,报告中应明确包括含有质性评价和量化指标的对工具公平性审查的结果。对未能出示质量报告或者质量不合格的工具,将不予采用,即使已经投入使用,其结果也不能得到广泛认可和应用。笔者希望通过这一举措,加强教育质量监测的行业规范,切实保证教育质量监测工具的公平性。

7.2 监测工具质量分析中存在的问题及挑战

开展学业质量监测的研究是改进和提升教育质量的重要措施,只有客观且准确诊断教育质量现状,才可为教育质量的改进提升提供有效的靶向和指导。这一目标的实现有赖于研发科学有效的测试工具,测试工具的质量直接影响诊断的结果及其教育决策价值。但由于我国教育测量理论和技术的相关研究仍处于起步阶段,当前在工具质量分析的过程中存在诸多问题和挑战,主要表现在以下 3 个方面。[①]

7.2.1 统计学指标的滥用和不恰解读

在实际分析中有一误区,许多教师容易盲目追逐统计指标的新意和数量,认为用尽可能多的较为高级的数据统计指标,便可为质量分析提供更为科学的论证和论据。然而统计学指标的应用一般需考虑测验的具体情境,根据测试的

---

① 周丏晓,刘恩山,黄暄.高质量的探查工具是开展科学学业质量监测的关键[J].生物学通报,2018(3):23-24.

要求选择适宜的指标,才可获得有价值的测试信息和对数据的正确解读。例如,在 SPSS 中做因子分析时,需先做 KMO 检验和 Bartlett 球度检验,通过对原有变量间相关性的检验,判断变量是否适合做因子分析,只有两者均符合要求时,因子分析的统计学指标才具有参考价值。

除了统计学指标的滥用和不恰解读,另一常见问题是许多教师倾向于碎片化的数据分析,数据分析方案缺乏连贯一致的顶层设计。连贯一致的顶层设计要求统筹考虑工具分析的各要素和测验情境,工具质量的分析需要系统性而非碎片化的指标解读。碎片化的分析犹如管中窥豹,不能得其全貌,常导致分析指标间功能重叠,缺乏逻辑上的连贯一致,难以获得全面有效的质量分析信息。工具的质量分析实质为一个论证分析过程,是对工具合适性和科学性的逻辑分析和实证分析,对质量分析方案进行顶层设计有助于优化分析方案,从而提高质量分析的效率和科学性。

7.2.2 难以整合各种理论的优势进行工具的分析

在测量理论的发展过程中,经典测验理论(CTT)和项目反应理论(IRT)在心理学与教育测量方面发挥了重要作用。当前在学科测试工具质量评估方面,国际主流方向是结合 IRT 和 CTT 综合分析试题和问卷数据,从而提高工具的科学性和有效性。

然而,在实际分析中,许多教师往往仍选择 CTT 作为工具质量分析的优先选择,测量理论的单一化使得教师难以整合各种理论的优势进行工具的分析。究其原因是 CTT 所涉及的数学模型相对简单,参数和估算方法易于理解和掌握,对教师统计学原理知识的掌握程度要求不高。但是 CTT 有其理论和方法体系的弱点,如项目难度与被试能力互相依赖,各参数受样本质量的影响;不区分问题重要性,项目均是平行的无重要性的差别;统计量(难度、区分度、误差等)是笼统的全组被试的平均值,因此 CTT 的信度仅能代表平均测量精确度,信度较低等。首先,IRT 克服了 CTT 的缺点,相比 CTT 易受样本影响的特点,IRT 中所用的项目参数(例如题目难度、区分度等)是一种不受样本影响的指标,被试能力与难度参数相互独立,这些参数的获得不会因被试样本的变化而变化,同时对被试能力的估计不会因为试题的不同而不同。其次,它将定序测量转化为等距测量,将项目难度与被试放在同一量尺上进行测量,便于比较操作。最后，IRT 的测量能将误差具体到个人，更为精确也更能反映客观的被试情况。因此，充分利用 CTT 和 IRT 的优势共同分析工具质量，优劣互补协同并进，可极大提高工具质量分析的科学性和有效性。

7.2.3 效度的程式化验证，缺乏实际情境的考量

相比信度的检验，工具效度的评定更为灵活多变，长期以来一直是教育测评领域的一大难题。研究者对效度的检验偏于程式化和单一化，以经验和主观因素判定工具的效度，忽略样本、工具和测试本身的属性，单纯从内容效度的角度进行专家评估以解释工具的效度，缺乏实际情境的考量。

效度是指根据指定用途支持分数解释的那些事实和理论的有效程度。效度检验强调从多种渠道获取效度证据，如基于内容、反应过程、内部结构、与其他变量之间关系、测验结果等的证据，以验证测验目的（理论框架）与从测验分数或其他评估中获得的推论之间的一致程度。因此，效度的检验较为灵活，没有程式化的模式。把握效度验证的核心在于用逻辑或实证的方法证明假设，通常可从理论框架是否能解释评价者在工具上的作答表现，根据理论框架推演有关测验成绩的假设与作答成绩的一致程度等方面进行实证检验。好的效度论证应考虑实际测验情境，整合多种论据构建对测试目的达成度的良好论证，而非程式化的效度指标报告。

7.3 把握监测工具分析的 3 个核心要素

工具分析是以教育测量理论为基础，获得试题及整个测验的难度、区分度等一系列客观定量指标，然后再结合命题目的、框架、蓝图、内容效度等资料，实现对于测验及其题目进行定量与定性分析的系统过程。根据测验目的及检验指标对工具中的试题进行筛选是设计良好工具的重要保障，这一过程的实现主要依赖于以下 3 个核心要素：对测量学指标和方法的深入理解、测量理论的综合运用以及各个指标的综合参考。

7.3.1 理解测量学指标和方法，形成结构良好的设计方案

对测量学指标和方法的深入理解是灵活运用各种统计指标和方法的前提。

每种测量学指标和方法有其特殊的内涵、使用条件及情境、样本要求,如基于CTT的量表分析与样本之间有一定的依赖性。实际选择哪种指标和统计方法需参考多方面的信息,如每个变量的类型,连续变量、双歧变量或顺序变量;潜在的分布性质,正态分布还是非正态分布;变量分布特征,线性的还是非线性的;样本的大小等。另外,多数指标和统计方法有特定的适用条件,如若依据试题信息函数验证试题质量,首先要确定题目特征曲线能与试题相拟合,若拟合度差,则会产生误导作用。测量方法和指标的选择决定了工具质量分析的有效性和科学性。

深入理解测量学指标和方法的关键在于把握工具质量检验的核心本质,其实质在于把握3个关键要素:信度、效度和客观度。信度的本质在于了解测试结果的一致性和稳定性;而效度则是为了探查测试的正确性和有效性;客观性是为了确定测试工具对不同群体有无偏见。工具质量的检验参数也可根据这3个关键要素进行分类,见表7-1。试题信息量分析、信度分析、误差、评分者一致性分析本质上都是为了提高工具的信度,题总相关、效度分析、拟合度分析、怀特图、因子载荷和项目特征曲线则是效度检验的证据,项目功能检验则为工具客观度的检验提供了参考,在此基础上形成结构良好的顶层设计方案可化繁为简、精简指标,有效提高分析的效率和科学性。

表7-1 工具质量检验核心要素的指标分类[①]

核心要素	试 题	问 卷
信度	信度分析、误差、评分者一致性	误差、试题信息量分析、信度分析
效度	题总相关、效度分析、拟合度分析、怀特图、项目特征曲线	怀特图、拟合度分析、因子载荷、维度间相关、题总相关
客观度	项目功能检验	项目功能检验

7.3.2 综合运用测量理论,达到优劣互补的良好效果

经典测量理论和项目反应理论是当前测验理论的两大流派,经典测量理论

---

① 周丐晓,刘恩山,黄璜.高质量的探查工具是开展科学学业质量监测的关键[J].生物学通报,2018(3):25.

操作方便、便于理解,但存在样本依赖、误差较大等问题,项目反应理论下的指标更为精确、参数之间相互独立,但不易理解且操作更为复杂、对样本和测试条件要求较为苛刻,因此两者各具优势,可为互补。在工具质量的检验中,可综合应用两种理论,筛选题目提供更多、更为全面的信息。

此外,在分析中还可根据具体测试类型及测试特点偏重参考某一测量理论分析结果,如在做试题质量分析时,CTT 和 IRT 参数均能提供较多的有效信息,但若要做跨年度的测试结果分析,则建议重点选用 IRT 理论做试题分析,辅助参考 CTT 理论的项目分析参数。因为建立在 CTT 理论上的数据指标与样本是相互依赖的,由此测试的结果缺乏稳定性,不利于开展跨年度结果比较的深入研究,而基于 IRT 理论分析的量表可通过设置链接题对跨年度的数据进行追踪研究。

还有,在做问卷质量分析时,基于 IRT 理论的数据分析在效度的验证方面可提供更多的方法和参数,为问卷的信效度提供更多客观有效的信息,因此问卷分析可更多参考 IRT 参数以提高问卷质量。

7.3.3 综合参考各个指标,考虑测验本身的特征和情境

在工具质量的检验中,需注意综合参考各个指标。通常工具质量检验的指标见表 7-2,参考时应根据测试目的、试题类型、样本情况等选取分析指标及决定指标参照的优先次序。例如,在选择信度指标时,若涉及主观题的等级评分情况,则需考虑评分者一致性信度,若只有客观题则无须参考评分者的一致性。此外,某些指标的取值范围可有一定的浮动,如项目拟合度(MN.SQ)的取值范围与测试的要求有很大关系,若是高利害测试,取值范围较为严格,一般要求在 $0.7 \sim 1.3$ 之间,若非高利害测试,在 $0.5 \sim 1.5$ 之间也为可接受水平,工具开发者需根据被试情况及测试要求等实际情况选取适当的取值范围。另外,数据的解读也需参考具体的测试背景,如很多指标与样本量有关,拟合度检验中近似误差均方根(RMESA)的大小就与样本量有关,当抽样较大时,RMESA 值可能会偏高,因此当数据结果不够理想时,可结合样本情况做具体分析,指标的解读不能教条地看数据,还需综合各个指标才能判断测试结果的信效度。

表 7-2 工具质量检验的常用指标[①]

工具类型	经典测试理论(CTT)	项目反应理论(IRT)
试题	平均分、最高(低)分、总分、难度、区分度、信度、效度、选项分析	IRT难度值、项目拟合度、怀特图、信息量图、项目功能检验
问卷	选项分布、题总相关、信度、效度	拟合指标、因子载荷、维度间相关

在对工具质量的检验分析时,深入理解各种测量学指标和方法,是灵活运用各种统计指标和方法的前提,在此基础之上需综合运用CTT和IRT测量理论,根据实际情况灵活选取分析指标,采用多种测量学指标和数据分析方法,以全面考察工具的质量,确保工具的科学性。与此同时,还需指出的是统计指标是试题修改的辅助工具,研究者除了综合参考各种统计指标,试题的修改及删除与否还需参考试题设计的理论框架和测试蓝图等,结合测试目的才能最终确定试题的修改方向。工具质量评估的过程是一个不断寻找证据支持论证工具信效度和客观性的过程,除了侧重量化分析的测量学指标的运用,还需特别注意参照工具开发的测试目的及理论框架,这些均能为工具质量评估提供重要的证据支持。因此,要充分重视并综合运用这些信息,促进高质量工具的开发。

7.4 SEC 定量分析和 Rasch 模型在监测工具评价中的应用

监测工具是否体现了新课程理念,是否实现了监测功能,是否对学科教学有正确的导向作用等问题,一直是许多教师思考的问题。落实到小学德育的质量监测,我们认为,这些问题需要用数据说话,用事实说话,以利于评价的客观有效。

7.4.1 SEC 分析方法

SEC分析方法是威斯康星-麦迪逊大学的学者安德鲁·帕特、约翰·史密森和美国重点州学校管理委员会(Council of Chief State School Office,

---

① 周丏晓,刘恩山,黄暄. 高质量的探查工具是开展科学学业质量监测的关键[J]. 生物学通报,2018(3):25.

CCSSO)在美国自然科学基金和州教育机构联盟的资助下合作开发的。安德鲁·帕特和约翰·史密森认为,使用描述内容标准、教学和评价的一致性的描述符号,为建立有意义的一致性指数奠定了基础,并使一致性分析成为可能。其计算的一致性是基于二维内容的。在使用该方法的过程中,通过对教师评价项目的内容分析和调查,生成比例数据,并根据二维内容的匹配程度测量一致性。安德鲁·帕特等人对不同的一致性指标方法进行了研究和验证,得出一致性系数 P 的计算公式:$P=1-\sum n_i=1 \mid X_i-Y_i \mid 2$,其中,$n$ 是表格中单元格的总数;i 代表表格中的一个特定值,范围从 1 到 n;X_i 代表标准化表格(课程标准表格)X 的第 i 个值,Y_i 代表标准化表格 Y 中对应的第 i 个值。P 的取值范围是 0 到 1,其中 0 表示监测工具和课程标准之间的差异最大,1 表示完全一致。

SEC 定量分析方法作为常见的一致性分析方法,对监测工具的研究有着重要的参考和借鉴意义。其如果运用到教学质量监测之中,也能有效地成为检验和评价学生预期学习目标的重要标准之一。采用 SEC 定量分析方法,对监测工具与课程标准的一致性进行研究,发现监测工具与课程标准之间存在的差异,并以此研究指向教学的改进,从基础的梳理、能力的提升、知识的关联等方面给出教学建议。其中需要注意的 4 个核心问题是:主题内容与认知维度的分类、主题内容与认知维度的处理、计算"帕特一致性系数"和绘制地形图和直方图。这对小学道德与法治学科教学的启示主要是:教学需要注重对基础的梳理、教学需要注重对能力的培养以及教学需要重视知识的关联。

7.4.2 Rasch 模型

Rasch 模型是由丹麦数学家与教育学家 G. Rasch 于 1960 年提出来的一个用来测量潜在特质的概率模型,它能够通过试题和个体的反应来评估测验质量是否良好,且能同时估计被试能力水平和项目难度。客观性和等距性作为 Rasch 模型最重要的两个特征,显示了测验资料如果与模型吻合,那么测验也具有了客观和等距的特性。检验测验资料与 Rasch 模型的拟合程度是通过拟合度指标来实现的。如果题目拟合指标不好,说明该测验可能涉及其他额外变量,或者是测量结构定义不清楚,可能就不是一套质量较高的测验。

Rasch 模型通过对数转换,将个体和题目在同一量尺上进行标定,使其成为等距数据。其可以对个体与个体之间、题目与题目之间、个体与题目之间的关系进行直接比较。Rasch 模型是一种要求所收集的数据必须符合模型的先验要求的理想模型,若数据与模型拟合的不好,说明可能存在其他另外一种潜在特质影响被试对试题的作答反应。Rasch 分析中通常采用 INFIT 和 OUTFIT 这两个指标来判断数据与模型的拟合情况。

7.5 整合 CTT 和 IRT 技术,提高监测工具的质量

为了获得对学生知识和能力等的科学客观诊断结果,提高测试的信效度,需要通过项目分析对试题进行筛选和甄别。而参考 CTT 和 IRT 的测试结果,可有效帮助命题者提高工具质量。命题者可从以下 3 方面分析工具质量,适当修改工具以提高工具质量。

7.5.1 从试题个体和工具总体角度,综合考量工具质量

工具质量的分析不但要考虑各个单题的质量,也要考察工具整体的信效度,从而找出影响工具质量提高的关键要素和单题。其中衡量单题质量的主要技术指标包括试题难度、区分度、选项分析。在工具整体层面的分析主要涉及信度和效度分析,综合两方面的检验结果,可找出有待修改的试题,从而提高工具质量。

7.5.2 综合检验试题的质量,提高工具的信度和效度

当前通常依据经典测验理论(CTT)和项目反应理论(IRT)综合分析工具测试结果以提高工具质量,其中 CTT 的检验参数主要包括难度、区分度、选项分析等,而 IRT 则重点关注试题难度、项目拟合度、怀特图、标准误、试题信息量等参数。统计指标是试题修改的辅助工具,命题者除了综合参考各种统计指标,试题的修改及删除与否还需要参考试题设计的理论框架和测试蓝图等,结合测试目的才能最终确定试题的修改方向。工具质量评估的过程是一个不断寻找证据支持论证工具信效度和客观性的过程,除了侧重量化分析的测量学指标的运用,还需特别注意参照工具开发的测试目的以及理论框架,这些均能够

为工具质量评估提供重要的证据支持。因此,要充分重视并综合运用这些信息,促进高质量工具的开发。

随着测量技术和方法的发展,越来越多的信效度评价方法被应用于教育实践中,如概化理论、项目反应理论等理论及分析方法。在分析工具质量时,人们也可以使用这些方法进行更深入的分析。

参考文献

[1] 陈晨.基础教育质量监测中的公平性问题——美国NAEP的政策与实践[J].外国中小学教育,2011(2):11-15.

[2] 何家军.新课程高考质量评价标准体系研究[D].武汉:华中师范大学,2008.

[3] 付慧宇.高考试卷质量评价体系初探[J].天津师范大学学报(基础教育版),2011,12(2):70-72.

[4] 汪文义,张华华.统计测量视角下考试公平推动教育公平的对策[J].江西师范大学学报(自然科学版),2017,41(4):385-393.

[5] 于媛颖.多种DIF检测方法的比较研究[D].北京:北京语言大学,2004.

[6] 张勋,李凌艳,刘红云,等.IRT-Δb法和修正LR法对矩阵取样DIF检验的有效性[J].心理学报,2013,45(8):921-934.

[7] 杨涛,辛涛,罗良,等.义务教育数学教育质量监测的探索与思考[J].数学教育学报,2018,27(5):1-7.

[8] 周丐晓,刘恩山,黄暄.高质量的探查工具是开展科学学业质量监测的关键[J].生物学通报,2018(3):22-26

第 8 章
监测结果的解读和应用

随着2015年《国家义务教育质量监测方案》的发布,我国义务教育质量监测制度正式建立,迄今已完成第一周期的国家监测并正式向社会发布了监测结果报告。与此同时,我国先后有26个省(自治区、直辖市)建立了省级基础教育质量监测机构,其中相当部分省还开展了本省的教育质量监测。在这个背景下,如何有效地解读和应用教育质量监测结果使其服务于教育质量提升是下一步需要重点研究的问题,因此有必要理清质量监测结果的应用路径,明确监测结果应用的范畴、机制和制度保障,以充分发挥教育质量监测对教育实践的改进功能,体现教育质量监测的价值。

8.1 监测报告反馈是重要的导向

"理论的价值在于启发、唤醒、提出问题进而帮助我们分析和解决问题。"[①] 基础教育质量监测的结果使用,一方面有利于帮助监测对象把握教育质量状况,另一方面有利于监测机构运用先进的教育监测评估理论引导监测对象转变教育思维、变革教育理念、完善教育管理、创新教学方式,并指导监测对象采取有效的实践或行动,从而有效发挥监测理论、监测项目对提升教学质量的价值。

---

① 周家荣.基础教育质量监测的基本框架[J].上海教育评估研究,2015(1):15.

8.1.1 从反馈的形式上来看

从教育质量监测报告反馈的形式上来看,省域可以采取评估监测专家到监测区域现场反馈的方式进行,重点反馈区域监测报告,同时反馈部分学校监测报告。通过监测报告反馈,先为区域培养若干名教育质量监测报告分析解读专业技术人员,然后再通过区域专业技术人员帮助学校培养教育质量监测报告分析解读专业技术人员。参加区域基础教育质量监测反馈的人员结构有教育行政人员、教育科研人员、学校校长、教师骨干,这样既从宏观上引起教育部门领导重视,有利于新的教育政策与决策生成,又能在微观上与教育政策执行人员、教育教学科研人员、一线教师一起构建提升基础教育质量的思想库。参加学校基础教育质量监测反馈的人员有校长、教务主任、科研主任、学科骨干,这样既能保障学校构建起以综合素质为导向的绿色评价体系,又能有效提升学校实施教育质量监测的能力。

8.1.2 从反馈的重点上来看

从教育质量监测报告反馈的重点上来看,省域主要从基础教育质量监测的工具质量、学习质量、问卷结果、核心技术、相关因素、对策建议等方面重点反馈。对试卷质量反馈主要依据课程标准,主要评价试卷内容、结构与课程标准的吻合度,以及试卷信度、效度、难度、区分度设置情况。学习质量重点反馈学生整体分值特征与整体趋势,主要对区域内学生总体学习质量进行反馈,对学生个体质量不进行反馈。问卷结果反馈主要是从教师、校长、学生问卷3个方面反馈,把握教师教学、校长管理、学生发展等方面的基本情况以及存在的问题。核心技术反馈的主要内容是经典测量理论与项目反应理论下试卷命制技术、数据分析技术、图表呈现技术、数据解读技术等。相关因素反馈主要是通过问卷监测点与试卷监测点之间的关联程度,来分析影响学生学习质量的主要因素及影响因子。对策建议主要从3方面反馈、对教育行政部门的政策决策反馈、对教研部门的教学研究反馈,也有对学校的教学管理反馈、对教师的课堂教学反馈。

8.1.3 从反馈的效果上来看

从教育质量监测报告反馈的效果上来看,首先,是要帮助区域构建基于现代测量理论的、具有先进技术支撑的、以促进学生能力发展与学校发展的绿色评价体系。其次,是要帮助学校构建以学生综合素质发展为目标的内部质量监测评估体系,扭转单纯的以学生分数为主导的质量评价观,引导学校通过内部监测系统的构建,科学诊断教育教学中存在的问题,提升学校自我管理水平,促进学校整体发展。再次,在区域内部培养一支基础教育质量监测专业技术队伍,帮助他们掌握基础教育质量监测的核心技术,运用核心技术推进基础教育质量监测工作,构建区域基础教育质量监测体系。最后,引导学校教师掌握教育质量监测评估基本方法和技术,学会运用现代教育评估监测技术对日常教学进行过程性评价,促进教师课堂教学能力和教学评价能力的整体提升。

8.2 监测结果及其他的数据解读

2017年5月我国首次进行小学生德育发展状况的全国监测,这是一项具有开创性意义的监测和研究。小学生德育发展质量监测是一个世界性难题。从全球范围内看,虽然一些国家或地区开展了一些对学生品德发展的某些具体德目(如诚信、友爱、民主等)和维度(如行为习惯、公民素养、人格品质、理想信念等)的监测,但目前尚无一个国家全面开展过大规模的学生品德发展的整体性质量监测。总体而言,有关学生品德发展监测指标、工具和结果解读的研究均还处在初期阶段。

王海涛和班建武认为,监测结果的"质量解读"可以分5个方面的,即监测结果的概率性与修正性的质量解读;影响因素的结构性与综合化的质量解读;学生群体的异质性与差异化的质量解读;品德要素的非均衡性与类型化的质量解读;品德发展的反复性与发展性的质量解读。[①]

---

① 王海涛,班建武. 如何解读学生品德发展质量监测结果[J]. 教育科学研究,2017(8):58-61.

8.2.1 监测结果的解读

在监测的过程中,设置数量不等的测谎题可以甄别出问卷是否有社会称许性的存在,但是社会称许性在现有的技术手段下不可能根本避免,只能是尽量减少。只要有社会称许性存在,品德发展质量监测就不可能做到百分之百地反映被监测对象——学生的品德实际,它只能从概率上去反映学生品德发展的总体状况。所以,在一次品德发展质量监测中,我们所监测到的结果,能够有60%左右反映学生的实际情况,就可以认为这是一次有效的品德监测。小学德育质量监测的难点在于学生品德自身的内隐性以及品德本身的价值属性。内隐意味着一个人真实的道德品质更多的是根植于其外显的言行举止之下的道德信念和道德动机。对小学生道德品质的监测,更多的时候只能通过其相关的外显的言行举止去推测。正是基于这样的认识,在关于学生品德发展的质量监测中,监测的重点应该是可观察、可量化的道德认知和道德行为。2015年颁布的《国家义务教育质量监测方案》中的德育监测内容,就是佐证。这样做的优点在于可以采集到相对客观的数据,缺点在于这些数据不能够完全表明一个人的真实道德水平。

8.2.2 影响因素的解读

在解释相关的品德发展质量监测结果时,一定要有大德育观,即要把学生的品德发展与诸多社会结构性因素结合起来做综合判断,而不是仅仅将监测结果与学校德育之间做一种简单化的线性因果联结。比如,在解读城区学生品德发展质量监测结果时,一方面要考虑学生所面对的德育环境的特殊性,另一方面也要重点讨论在这种特殊德育环境背景下学生品德发展所遭遇的时代挑战,这种挑战有可能会加剧学生行为的"失范",也有可能为学生自主意识的发展、批判性思维的培育等现代公民意识的形成提供新的发展契机。

8.2.3 学生群体的解读

学生成长的个体性因素主要包括与学生相关的自然属性和文化属性两个方面,这两方面属性的不同,会影响学生品德发展的结果。对学生品德发展质量监测结果的解读除了要具体考虑学生个人的实际情况,还必须将其放置到学生所属的文化脉络中加以具体把握。在这方面,重点是考虑学生家庭所在地因素。

8.2.4 品德要素的解读

道德认知、道德情感和道德行为3个基本要素有机结合在一起,可以共同表征一个人的道德品质。但这3个基本要素在学生品德发展过程当中是不平衡的。部分学生在品德总体上的得分比较接近,但在道德认知、道德情感和道德行为上的得分是不同的。在解读学生品德发展质量监测结果时,更为妥帖的做法是,不对学生的品德现状做整体性的评价(即进行一种价值排序),而是需要分类报告学生品德发展在各个要素上的具体表现。具体到德育质量监测工作,对学生品德发展质量的测评,或许采取分类测评、分类报告更加科学。

8.2.5 品德发展的解读

相比于学业质量监测,学生品德发展质量监测更需要考虑发展性原则。因为特定的道德规则内化为个体稳定的道德心理结构是一个缓慢的过程,在这个过程中,社会诸多力量都会影响内化过程的最终完成。在很大程度上,对学生品德发展的质量监测带有很强的探索性,因此对学生的品德监测结果,我们应该抱有一种更宽容的态度。

8.3 结果应用的瓶颈

8.3.1 数据的解读

我们发现各地对待国家发布的义务监测报告存在4个"不"现象:"看不到、瞧不起、说不懂、讲不透"的怪现象。这些,最主要的原因在于"数据的解读"上存在困难。小学德育监测结果的解读形式可以多样化,既可以是整体解读,面向全体成员、全方位的监测数据解读,也可以是分类解读,根据对象不同,对行政、教研员、学校、校长、教师,分别采用不同的内容、不同的表达方式进行解读,还可以是分科解读,不同学科的解读,有条件的地方,还可以举行分步解读,根据不同监测内容、不同学科、不同图表分步骤进行数据的挖掘和深层次分析。

8.3.2 数据的公开

面对国家义务教育质量监测结果,许多地方教育督导和教育行政部门选择锁进保险柜的做法。这是很不明智的办法,许多地方教育督导和教育行政部门表现为缺乏"正视数据、领悟数据、直面问题和敢于担当"的胸怀与气魄。

对于每一次国家义务教育质量监测结果,应及时召开结果反馈会,要求教育行政人员、教育督导人员、学科教研员、有关学校的正副校长与主管教学的主任等全体参加,还可以邀请其他政府部门领导参加。同时,举办面向学科教师的专题解读会议,以期通过参会人数众多的监测培训会议,让更多层面的人认识数据,理解数据。数据公开,有利于帮助大家树立正确的质量观,既发现优势与亮点,也发现自身的弱势与不足,为监测结果应用打下坚实的基础。

8.4 结果应用的路径

教育质量监测立足于国家或区域的整体教育质量状况,监测内容涵盖学生发展、课程开设、学科教研、师资队伍、学校管理、资源配置、经费投入等各个方面。因此,在监测结果应用尤其是后续改进过程中,需要以上问题的归口管理部门、督导部门和中小学校共同参与,同时还需要相关专业机构提供指导和支持。因此,要建立多方协同联动的监测结果应用机制,形成合力将教育质量监测结果有效应用于教育质量改进工作中。[①]

8.4.1 教育行政部门:监测结果应用的牵引

教育行政部门在教育质量监测结果应用过程中扮演着重要角色:一方面,教育行政部门是监测结果的直接使用者,教育质量监测数据结果能为政府管理与决策提供重要的信息参考;另一方面,教育行政部门对教育质量监测的定位以及对监测结果应用制度的设计,直接决定着监测结果的应用范围和应用效果。因此,教育行政部门是教育质量监测结果应用过程中的重要牵引。

教育行政部门对质量监测的认识和定位在监测结果应用过程中起着决定

---

① 李勉. 基础教育质量监测结果的应用路径[J]. 教育科学,2018(3):1-6.

性作用。当前，随着教育质量监测的普及，利用监测数据服务教育决策已经成为相当部分地区政府提升教育管理科学化水平的重要手段。但仍不能避免的是，个别地区还存在一些工作误区，主要表现在两个方面：一是质量监测流于形式，将监测结果束之高阁。这需要加强教育质量监测培训，提高相关部门人员的思想认识，使其充分认识到教育质量监测的价值，并掌握监测结果应用的方式方法。二是质量监测结果被错误用于对学生、教师进行排名排队，监测甄别化功能远大于诊断性功能。这就要求教育行政部门明确监测结果应用的原则，如坚持质量监测对学生、教师个体的低利害性，所有的监测结果由指定部门发布，监测报告中不公开学生、教师个人信息而只用代号等。

教育行政部门要针对质量监测揭示的问题，采取措施将监测数据结果转化为政策与行动。其可利用监测结果检验教育经费的成效，从而为教育投入的动态优化调整提供依据；利用监测结果协同整合区域教育系统内的人员、经费、设备，发挥更佳的教育资源配置功能；根据监测结果揭示的薄弱工作环节，制定专项政策措施并监督执行。例如，某省针对国家义务教育质量试点监测中发现的"教育教学设施和理科实验仪器严重不足"的问题，该省政府制定了加大教育投入的政策措施，促使全省教育经费总投入保持年均20%以上的比例增长，且将教育经费投入重点放在改善中小学校基础设施、教学仪器设备和图书资料等方面；针对教师专业结构不合理、教师职业倦怠情绪严重、教学能力有待提高等问题，该省研究出台了关于优化队伍结构、提高培训质量、改善教师待遇21条政策措施，均取得了良好效果。

教育行政部门应做好整体规划，明确监测结果应用的步骤和各方的职责。例如，首先组织相关专业机构解读监测数据结果，向相关处室、学校讲明各地区、学校在教育监测中反映出的问题；其次对监测反映的问题进行梳理，形成改进问题清单，之后分析相关原因，制订整改方案，明确责任主体部门，如涉及课程安排、教研教学的问题由基教、教研部门牵头，涉及教育投入、资源配置的问题由计财、电教部门牵头，涉及师资配备、教师培训的问题由人事部门牵头等；最后按照职责分工及时跟进工作进度，并由督导部门对改进成效进行监督、评估。

8.4.2 学校:监测结果应用的基点

学校是教育质量监测结果应用的基础单元,一方面,学校是相关政策措施的执行者和受影响群体,教育行政部门基于监测结果的政策调整成效在许多学校里会有所体现;另一方面,许多学校自身也可将校级监测结果用于学校教育教学管理和改进,其应用效果将直接反映在学生、教师身上。尤其是对于地市级、区县级的教育质量监测而言,参测的学校数量较多,同时监测结果更具有学校代表性,学校的监测结果报告甚至班级的监测结果报告、教师个体的监测结果报告成为学校改进的重要依据,学校也因此成为此类教育质量监测结果应用的主体。

学校监测结果报告能全面诊断学校在学科教学、学校管理、教师队伍建设、家校合作等方面的状况,并揭示学校存在的优势和问题。因此,从学校领导、学校中层干部、各年级组、各学科组到教师个体,都需要树立"借助数据为教育教学工作把脉"的意识,结合日常教育教学经验去解释数据、分析数据背后的原因,找到改进提高的途径和方法。例如,某学校在区级教育质量监测中,发现学生的语文、数学表现较好,优秀率和达标率均高于全区平均水平,但学生的科学表现相对较薄弱,与全区平均水平大体相当。结合该数据,区教研室和学校对该校科学教学情况进行了深入分析,找到了制约其教学质量的主要原因:该校科学教研组缺乏学科领军人物作为校本教研的核心,科学教师之间缺乏有效的互助合作与专业引领,科学教师的教学理念和方法相对滞后,同时学校正逢学校教学楼改建,一直以腾空的实验室来代替教室上课,导致了相关实验难以按规定要求开设等。基于以上原因,学校制定了科学教学的整改提升方案,包括建议教育局调配骨干教师充实科学教研组、加强科学教研组的校本研修、增进同伴互助、加强科学实验环节的教学等。[①]

这一例子是"数据驱动教学改进"的典型例证,监测数据结果集中反映了学校教育教学存在的突出问题,同时也成为学校开展相关改革的重要依据和推动力。

---

① 王建军,叶澜."新基础教育"的内涵与追求——叶澜教授访谈录[J].教育发展研究,2003(3):7-11.

学校在分析监测数据结果的过程中,要基于校情,注重多角互证,制订有针对性的教育质量改进方案。表面看来相似的监测数据结果,很可能需要采取不同的改进方法。例如,某区在教育质量监测中,分别向学校校长、教师、学生进行了学校氛围的测查。结果发现,A校和B校的总体得分均较低,但在两个学校内部,学校校长、教师、学生3个群体的评分呈现出不同的分布:在A校,3个群体的评分差异较小,但在B校3个群体的差异较大,学校管理干部评分显著高于教师评分,同时教师评分显著高于学生评分。显然,在A校和B校需要采取不同的改进措施。在A校,学校管理干部、教师、学生对学校氛围的感知是相似的,这3者反映出的共性问题说明学校的管理改革既需要满足教师的需求,也需要满足学生的需求;B校则主要应面向学生,重点了解学生对于学校管理的内在需求,从学生的发展视角进行学校管理改革,才能取得良好的效果。

8.4.3 专业机构:监测结果应用的支撑

教育质量监测是一项专业性强、技术含量高的工作,对于基层教育实践工作者而言,要彻底读懂监测数据结果、充分理解数据背后的含义、准确找到教育教学实践中存在的问题且加以改进并不容易。因此,教育质量监测的结果应用亟待专业力量的介入,以推动监测理论与数据向实践的转化,并促进相关教育教学问题的解决。

专业机构首先应为教育行政部门和学校提供关于监测数据结果的反馈和解读服务。教育质量监测结果报告在呈现方式上,往往存在学理性强、统计测量技术含量高、数据信息量大等特点。但教育质量监测结果最主要的使用对象是教育行政人员和中小学校长、教师,他们对监测报告的期望是通俗、简明、实用。因此,专业机构有必要深入解读监测数据结果,特别是要对容易出现的误区进行解析,引导受众群体既关注学生的学业成绩,也关注学生的身心全面发展;既关注学生的结果产出,也关注学校、教师、家庭的影响过程。同时,监测数据解读的内容除了阐释数据结果,更应该揭示数据背后的含义呈现数据间的相互关系,使得数据解读对象全面了解本区域或学校的优势和弱项,以及制约其教育发展的关键性因素。

在有条件的情况下,专业机构还可通过深度调研,包括深入中小学校听课,开展校长、教师、家长访谈,观摩学校活动等,获得关于区域或学校教育质量的质性经验,从而做出更全面、综合的诊断。例如,某区的监测数据显示,该区教师的工作满意度和留职意愿低于全省平均水平10多个百分点,但具体原因是什么,监测数据中没有反映。相关专家团队可以通过对当地教师、校长的访谈,从教师待遇、学校管理、教学环境、专业发展等多个方面分析教师工作积极性低的原因;通过随机听课的方式,观察教师的教学状态以及与学生互动的状况;通过对教育行政人员的访谈,分析对该问题的解决办法和方案。量化的监测数据与质性的调研经验相结合,能更全面掌握教育质量状况及造成该状况的原因,并在此基础上提出解决建议。

在明确了质量监测结果的改进方案以后,有条件的地区还可以委托专业机构通过多种方式参与到监测地区的后续改进工作中。例如,地方教育部门可与专业团队开展课题合作研究,就监测中发现的某些问题提出干预方案,并在局部学校实施试点,并根据试点情况决定是否进一步推广;又如,地方教育部门可邀请专业团队举办专题培训,为相关群体提供业务指导或咨询;再如,地方教育部门还可以邀请专业机构对其改进的成效进行评估,通过改进前后的对比,检验相关措施的成效,为下一步调整改进方向提供依据。

8.4.4 督导部门:监测结果应用的监督保障

在我国现行的教育管理制度中,教育督导部门是教育质量监测工作的统筹部门。2014年2月,国务院教育督导委员会办公室下发的《深化教育督导改革转变教育管理方式的意见》指出,要"形成督政、督学、评估监测三位一体的教育督导体系",明确将评估监测作为教育督导的一项重要工作内容。此外,2015年发布的《国家义务教育质量监测方案》也明确指出,"义务教育质量监测工作由各级政府教育督导部门组织实施"。由此可见,教育质量监测已经成为当前教育督导工作的重要组成部分。督导部门除了为教育质量监测的实施开展提供组织保障,更应在督导工作中用好质量监测结果。其一方面有利于提升教育督导工作的科学性,使得督导评估有据可依,并在一定程度上提高督导队伍的专业化水平;另一方面也能为教育质量结果的应用"保驾护航",通过督导的跟踪评价推动基于教育质量监测结果的持续改进。

要在教育督导工作中用好教育质量监测结果,主要可以从以下两个方面着手:

一是将教育质量监测结果作为教育督导的重要指标。长期以来,教育督导的重点是政府经费投入、学校硬件配备、教师队伍配备等教育保障条件。随着我国义务教育逐渐进入内涵发展阶段,教育质量状况应该成为教育督导的关注重点。2017年4月,教育部印发的《县域义务教育优质均衡发展督导评估办法》明确要求,将国家义务教育质量监测中的学生学业水平表现作为县域优质均衡督导评估中衡量教育质量的指标之一。这既有利于扩大监测结果的使用范围、充分发挥质量监测的影响力,也有利于促进教育督导评估从单纯注重资源配置、政府保障水平逐步向兼顾教育质量、内涵发展的方向转型。

二是对基于教育质量监测结果的改进情况进行督导评估。在这方面,相当部分地区已经探索出大量行之有效的经验。例如,某区教育局将"监测结果的应用与改进状况"作为该区素质教育督导评估的一级指标之一,具体包括两个二级指标:一是"改进方案",要求"根据监测反馈结果形成学校改进方案,找准问题,明确改进措施",该二级指标所占权重为30%;二是"改进效果",要求"改进措施落实到位,监测结果应用充分,对学校发展的促进作用明显",该二级指标所占权重为70%。又如,某市根据教育质量监测反映出的部分地区薄弱学科教师编制缺口较大的问题,在后续的督导评估中将其作为重点问题,要求相关县(市、区)采取政府出资购买社会服务的办法统筹解决,取得了较好的效果。

8.4.5 坚持两个抓,确保结果应用落地

小学德育质量监测结果在应用方面,应坚持两手抓,两手都要硬:一手抓队伍建设,一手抓研究应用,努力在不断解决监测结果应用方面突出的问题中,实现监测结果应用的效果和效能的不断加强。

一抓队伍建设。教育质量监测工作,专业性强,监测结果的应用非常需要专业的引领和指导。这可以从3个方面入手:一是完善监测结果应用的核心团队;二是锻造结果应用的主力团队;三是壮大监测结果应用的服务团队。其中,核心团队包括行政团队、专家顾问团队、专职团队和兼职团队4个层面;主力团队主要由校长、责任督学和教研员组成;服务团队由对数据解读有兴趣的教师组成。

二抓研究应用。国家义务教育质量监测结果的应用不会是一帆风顺的,会遇上许多的问题和困惑。比如,如何厘清区域教育质量存在的问题?面对问题

怎么去推动解决或改进？只有区域报告没有学校报告怎么办？学校改进的过程当中如何坚持？如何发挥学科教师的专业特长？等等。具体建议如下：一是抓核心团队的引领作用，加强监测结果应用的专业指导和思想引领；二是抓主力团队的推进作用，厘清学校可能存在的"个性问题清单"，并进行问题确诊与排序；三是抓服务团队的辅助作用，研读监测报告，为学校进行数据推送服务、问题描述与分析的分享行动，帮助学校看懂、用好数据。

8.4.6 遵循科学原则，做到三个统一

8.4.6.1 应用与研究相统一

大家知道，监测数据不是终点，是我们研究教育教学的一个新的起点，是实施教育策略调整、战略调整的一个基础性的依据。为此，基于监测结果，我们可以从4个方面进行深度研读，深入研究，全面分析，确定监测结果应用的方向，通过研究和应用的统一，筑牢监测结果应用之基础。具体如下：

一是系统研究推进区域战略实施。以国家和省级监测结果为主，进行系统的分析和研究，正视监测数据反映的问题，识别教学中的真问题，来修正我们的教育决策和行为。同时，也通过监测结果来验证教学行动的有效性。二是差异研究推进县区互补改进。选取相对优质的县区和相对薄弱的县区进行对比分析，找到监测数据上的差异。相对薄弱县区通过历年监测数据变量研究，找到改革和发展的突破口。三是追踪研究推进薄弱县区全面提升。相对薄弱县区通过监测数据变量研究，找到改革和发展的突破口。校长要直面问题清单，调整学校的课程构建，重构校园文化，改变教与学的方式。四是个案研究推进优质县区不断创新。相对优质县区通过监测数据变量研究，找到改革和发展的突破口。对于监测数据反映出的问题不掩盖、不搪塞，通过调研把存在的问题进行排队，针对突出问题，提出解决问题的思路和方法，欢迎教研和督导等部门跟进，及时修正解决问题的方法。

总之，通过系统研究，寻找区域教育的优势和亮点，发现区域教育的弱势和不足；通过差异研究，让优质的学校找到自身不足，使之扬长避短；通过追踪研究，为相对薄弱学校的发展提供成功的样板；通过个案研究，直面问题，助力教学更精准，促进个性化学习。

8.4.6.2 数理和数据相统一

数理和数据相统一,没有数据就没有真相,只有数据就没有真理。研读数据,洞见教育的真实;领悟数理,剖析真实的教育。只有用起来的数据,才是好数据。只有透过数据有效地解决了问题,数据才有存在的意义。一是创新"认知"。数据反映的问题,需要经过质性调研进一步确认,并找出数据背后的原因。数据反映的内容,需要从多方面分析,既要发现优势与亮点,更要知晓弱势与亮点。只有这样,才可作为政策、方针、策略和方法是否有效的佐证,才能使数据与数理相统一,从而达到监测的目的。二是打破"保密"。由于各方面的原因,监测的数据和反映的问题很难直接到达教育教学实践第一线。为了打破"保密",需要把数据反映的问题上升到数理的层面,指出问题产生的原因,理解问题产生的根源,从而坦然面对,接受社会的支持与监督。

8.4.6.3 案例和事实相统一

在监测结果的应用中,各地的区域改革、学校改革、教学改进、学业改进、督导督学等方面涌现了一大批优秀的小学德育监测结果应用案例。这些案例都是在实践基础上的总结提炼和升华,对每一个要推广的优秀案例,都要做实地考察和论证,以防作假和抄袭。同时,在不同场合强调案例只是做法的概括和提炼,可以是成功的案例供别人借鉴,也可以是不成功的案例,警示别人不要犯同样的错误。所以,坚持德育案例不得虚构,不得拔高,不得抄袭,优秀的典型案例必须与真实的做法相一致,只有这样,才能发挥案例的功能和作用。

8.5 进一步的思考和建议

当前,科学的义务教育质量评价观念尚未普遍建立,评价指标体系还不够科学,评价方式方法还不够有效,单纯以升学率和分数评价学校和学生的倾向还没有得到根本扭转,且存在多头评价、重复评价的现象,亟须制定学科教学质量评价指南,指导各地各校提高义务教育质量评价水平,促进教育治理体系和治理能力现代化。评价是关键,基础在监测。小学德育质量监测要树立起一个"什么才是高效的德育质量"的标杆。通过这个导向,影响到教育管理者、学校领导和老师,让各位家长认识到,评价儿童发展的不是考试的分数,而是要更全面、科学的指标。基于这个理念,小学德育质量监测工作不断地探索与发展,已经取得了不错的成绩。然而,与国际上一些基础教育监测体系完善的国家相比,与我国基础教育发展对质量监测的要求相比,小学德育质量监测仍存在着一些不容忽视的问题。

8.5.1 道德与法治教师评价素养的现状透视

据笔者多年的观察和了解,目前小学道德与法治学科教师从学校的培养到岗位的培训现状可以概括为"如何教"备受关注,"如何评价"基本上被忽视,关注学与教及其测评的一致性问题少而又少。实践中,一些学科教师认识到评价的价值,尝试在教学中有对学生进行不同程度的评价。但是,这些教师的评价往往缺乏科学性和专业基础,教师更多的是凭借习惯或者自己的教学经验行事。具体表现在以下3方面。

8.5.1.1 评价目的和用途不明确

小学道德与法治教师多为兼职教师,专职教师少,平时不仅缺乏评价实践研究,还缺乏学习评价理论的主动意识。在教学中,许多小学道德与法治学科教师虽然会对学生进行评价,但是他们往往不明确评价到底是为自己教学还是为学生的学习提供参考依据,或者为学生学习水平做出鉴定?这种模糊的不知道为什么要评价的评价,实际上源于教师对评价价值的认识混乱。例如,普遍存在的为考试而评价、以评价代替教学和为管理而评价等现象,就是将考试作为自己的评价实践的目标,这样势必影响到学科教学质量的落实,甚至影响到作为德育课程的育人目标实现。

8.5.1.2 评价知识和技能缺失

随着《义务教育品德与生活课程标准(2011年版)》《义务教育品德与社会课程标准(2011年版)》颁布和使用,新课程所倡导的评价理念日益进入学科教师的视野,大多数学科教师对于"发展性评价""多元评价""档案袋评价""表现性评价"等概念,都能说出一二。可是,许多专职和兼职教师教学任务繁重,再加上培训不到位,没有太多的时间学习学科评价理论和知识。如果要他们说明和解释教育评价领域的基础性核心概念,如双向细目表、信度、效度、常模参照和正态分布等,很少人能够正确解释,学科教师的评价知识基础十分薄弱。学科教师缺乏新型评价的技能,更不知道评价需要有什么技能,平时课堂教学评价中最常用的词就是:好和不好、对与不对、棒与不棒。许多教师既不能基于评价结果对自己的教学和评价进行调整,也不能向学生提供适当的、及时的反馈,明显缺乏运用评价结果促进学生学习的技能。

8.5.1.3 评价工具研发能力差

如果说小学道德与法治学科教师对评价方法的选择略知一二,那么对学科评价工具的研发则是一个大的问题。有一项全国性调查显示,教师接受的培训内容根本没有涉及评价知识与技能。[①] 小学道德与法治学科教师也不例外。再加上统考之类的外部评价存在,不仅剥夺了本来就归属于教师的教学评价自主权,也同时不同程度地退化了教师科学评价的意识和能力。在这种情况下,有的学科教师只能通过平时教学实践中的试误来学习评价,自己编写题目能力的缺失,网络下载为主成为主要的渠道,富有学科特色的表现性评价工具的开发成为难题。由于小学道德与法治学科的特殊性,许多教师在如何实施评价的问题上基本处于盲目的状态,许多人不能结合小学道德与法治学科特点开发合适的评价工具,实施有针对性的评价实践。显然,这样的评价实践不足以为教师评价素养的专业发展提供支撑。

以上学科教师评价素养的缺失并非教师个人造成的,这里不仅有师范生在校教育的问题,也有在岗教师培训的问题。笔者认为,目前的学校教育和岗位培训都对评价素养的地位和价值重视不够,评价素养没有纳入教师专业素养结构,才是导致在教学实践领域对教师评价素养的忽视的关键。大家知道,在教师的职前教育中,心理学、教育学、教材教法教师是教育课程的基本结构,再加上一些选修课。这些课中评价的内容所占的比例极为有限,而且通常是基于心理学的内容。评价部分的教学也存在很大的问题,偏重于理论,实践教学明显偏少。而当前在教师在职岗位培训中,关于评价的课程同样明显偏少,而且开设的课时也有限。

8.5.2 道德与法治教师评价素养的内容结构

1991年,美国学者斯蒂金斯(Stiggins)首次明确提出评价素养概念,便引起学术界的关注与讨论。应该说到目前为止,国外的研究起步早、相对成熟,国内

[①] 陈向明,王志明.义务教育阶段教师评价培训调查:现状、问题与建议[J].开放教育研究, 2013(4):11-19.

关于教师评价素养的研究虽然起步晚,但也有一定的积淀。有学者认为,教师评价素养框架应包括理解评价、明确"成就期望"、运用适当的评价方式、适当地解释、运用评价结果5个方面。① 有学者用"4个维度、12个表现视角"构建教师评价素养的内涵,即理解"评价",使用"评价",管理"评价",评价"评价"。② 还有的学者对2008—2017年国内核心期刊发表的关于教师评价素养的研究进行梳理、统计和分析,发现:当前,国内教师评价素养研究主要围绕发展机制、内涵框架、现实问题和研究现状四大主题,内容较为宽泛,存在明显的问题:一是研究对象主要是针对跨学科和跨学段的一般性教师;二是研究方法主要以非实证研究为主。③ 国内这些研究为小学道德与法治学科的评价素养构建提供了有效的借鉴。

综合以上研究和日常教研实践,我们认为,小学道德与法治学科作为一门新的综合性学科,教师评价素养既要有共性,即教师拥有的关于评价活动各方面的知识、技能、能力和相关的理念,更应该具有不同于小学语文数学等其他学科的个性,即内化于小学道德与法治学科教学层面的教师日常评价行为的一种品质。换句话说,就是要建构具有小学道德与法治学科特色的内容结构。借鉴美国教师联盟、国家教育测量委员会和国家教育协会联合开发的"教师的学生评价能力标准"以及斯蒂金斯(Stiggins)1999年提出的教师评价素养的"七要素说",结合国内教师评价素养方面的研究成果和小学道德与法治学科特点,按照评价实践的逻辑顺序,我们尝试从6个维度,即评价理解、方法选择、工具研发、结果解释、交流应用和反思改善,构建小学道德与法治学科教师评价素养的内容结构。④ 具体分析见表8-1。

---

① 杨国海.教师评价素养的内涵及框架[J].当代教育科学,2011(4):18-19.
② 王少非.教师评价素养的现状、框架及发展建议[J].人民教育,2008(8):31-34.
③ 许明,朱文君.教师评价素养研究:近十年国内核心期刊的统计分析[J].教育观察,2018(13):8-11.
④ 高本光.小学道德与法治学科教师评价素养发展探讨[J].中小学德育,2019(1):21.

表 8-1　小学道德与法治学科教师评价素养的 6 个维度

内容维度	行为举例
评价理解	1. 认同评价对促进儿童道德学习与发展上的积极作用。 2. 面对小学德育可测与不可测的讨论，能形成自己的看法和见解。 3. 明确纸笔测试只是小学生学业成就测评的一种有效方式。 4. 发挥表现性评价在小学生道德发展测评中的特殊作用。 5. 知道评价可能的误用以及误用可能给儿童的道德成长带来的后果
方法选择	1. 能根据学科不同学段的评价目标选择适当的评价方式、方法。 2. 知道纸笔测试对于小学道德与法治也是一种良好的评价途径。 3. 知道表现性评价更适合于小学道德与法治情感态度价值观的测评。 4. 知道一些内容通常只能借助于特定的题型来检测，如选择题和填空题要求不同
工具研发	1. 了解纸笔测试工具在儿童道德发展测评中的优点和缺点。 2. 发现表现性评价工具在儿童道德发展测评中的优势和不足。 3. 知道学业成就测验、表现性评价工具和问卷研发的一般流程。 4. 知道小学道德与法治命题双向细目表的设计与应用。 5. 了解小学道德与法治学业成就测试框架建构的一般路径
结果解释	1. 能区分不同类型评价目的，比如诊断性和激励性评价。 2. 采取与教学目标匹配的方法，对结果进行基于儿童学情的解释。 3. 能对评价结果进行正确、适当的解读，并能从中做出关于小学生学业成就的正确推论。 4. 提供基于目标与证据的描述性反馈，并向学生和家长解释德育测评的教育意义
交流应用	1. 能使用评价术语，清楚地表达测评结果的意义、范围和建议。 2. 采用儿童喜闻乐见的形式，提出促进儿童道德学习的建议。 3. 能设计合适的评价结果报告，及时与学生及其家长进行结果交流。 4. 能够将测评结果应用于改进儿童道德学习以及学科教师的课堂教学
反思改善	1. 反思评价方法是否多样化，是否与目标、教学和学习相一致。 2. 评价方法与工具选用上，反思是否与评价主体与评价对象相适应。 3. 能多角度地思考评价目标的具体化、评价方案的优化。 4. 根据不同学段儿童特点，选择更适合的评价方式和方法。 5. 进一步完善评价工具运用与开发，评价结果解释与运用

8.5.3 学科教师评价素养发展建议[①]

8.5.3.1 加强学科发展性评价的示范引领

小学道德与法治的教学活动周期性可以归纳为3环节：教学计划、教学实施和教学结果(质性指标)。其中，教学结果的测定与判断需要通过学科特定的方法和途径，搜集和反馈教学实施中的有效信息，为教学计划调整和教学实施策略改进提供依据等教学评价活动。如果说，伴随小学道德与法治新教材的使用，前两个环节有所改善的话，但是教学评价环节仍然是学科教师能力的弱项，甚至是缺项，这是不争的事实。目前，许多教师对于传统纸笔测试的量化评价方法可能有些理解，而对于小学道德与法治学科非常需要的档案袋评价和表现性评价，则了解甚少。因此，无论是岗位培训，还是校本培训，都应当强化质性评价方法的示范和引领。另外，组织学科教师学习国家义务教育德育质量监测的新理念、新做法，开展小学德育监测结果的分析应用，都会产生很好的示范引领效果，因为合适的外部评价往往会对学科教师的评价活动产生示范和引领作用，会成为他们评价素养专业发展的沃土。

8.5.3.2 基于学科教师需求开展评价培训

在日常实践中，学科教研员一定要深入当地学校听课调研，与学科教师、班级学生广泛交流，及时发现一线教师需求及教师希望的培训方式。在调研的基础上，我们才能根据本地教师对评价素养的现实情况和实际需求，改进培训方式，精选对于教师评价素养专业发展具有重要价值的知识和技能，编制合适的德育评价培训教材；实施有针对性的评价培训，帮助教师获得所必需的评价工具和技能。同时，基层的培训更为直接有效，我们应努力做到评价知识构建、课例研究分析、评价理论学习和专题教研活动相结合，这样的培训不仅要帮助学科教师较熟练地掌握知识和技能，而且要促进他们在以后的课堂教学实践中日渐完善和提升教学评价能力，实现学科教师的教学评价知识构建和教学技能提升同步。尤其要指出的是，我们的培训不能停留在学习和讲解布卢姆教育目标分类学、SOLO分类理论等评价理论层面，而是要将培训重点落在应用层面。比如，帮助教师学会将科学的评价理论应用到学科命题实践，做到手把手地教，

[①] 高本光．小学道德与法治学科教师评价素养发展探讨[J]．中小学德育,2019(1):21.

从编写测评框架和命题双向细目表做起,区分不同题型进行指导。这将有助于教师理解评价理论的实质与精髓,从而创造性地使用评价理论,并且逐渐将其融入日常评价之中。

8.5.3.3 改善学科教师的评价实践

笔者发现,受过去错误的德育评价认识影响,许多教师认为小学道德与法治教师评价实践并不需要太多的专业技能,有的学科教师甚至还产生"去技能化"的误解。为了改变这种现状,需要改变学科教师评价素养发展的实践,让他们认识到评价是和学科教学活动不可分割的组成部分。通过开展有效的教研活动,让他们主动地参与评价活动的全过程,体会德育评价活动的技术性和专业性,并指导他们开展对来自评价实践的经验反思。具体来说,可以开展不同类型的优秀题目评选活动,也可以在校本教研中进行说题活动,还可以开展学科评价课题研究等。渠道可以多种,形式也可以多样,但都指向评价目标设计、评价工具研发、评价结果解释和应用等学科教师评价素养的培养上。通过集学科教学活动、评价理论学习、评价实践探索等一体化的过程,培养学科教师的评价素养,提升其评价能力。

总之,良好的评价素养是小学道德与法治教师促进学生学习和改善课堂教学的重要保证,同时也是学科教师专业发展的条件之一。关注学科教师的评价素养,就是在关注日常学科教学质量。小学道德与法治教师不仅要学会教,更应该学会评价。开展学科评价应该成为小学道德与法治学科教师的分内事。

参考文献

[1] 周家荣.基础教育质量监测的基本框架[J].上海教育评估研究,2018(1):11-15.

[2] 王海涛,班建武.如何解读学生品德发展质量监测结果[J].教育科学研究,2017(8):58-61.

[3] 李勉.基础教育质量监测结果的应用路径[J].教育科学,2018(3):1-6.

[4] 王建军,叶澜."新基础教育"的内涵与追求——叶澜教授访谈录[J].教育发展研究,2003(3):7-11.

[5] 陈向明,王志明.义务教育阶段教师评价培训调查:现状、问题与建议[J].开放教育研究,2013(4):11-19.

[6] 杨国海.教师评价素养的内涵及框架[J].当代教育科学,2011(4):17-19.

[7] 王少非.教师评价素养的现状、框架及发展建议[J].人民教育,2008(8):31-34.

[8] 许明,朱文君.教师评价素养研究:近十年国内核心期刊的统计分析[J].教育观察,2018(13):8-11.

[9] 高本光.小学道德与法治学科教师评价素养发展探讨[J].中小学德育,2019(1):19-22.

附 录

国务院教育督导委员会办公室关于印发《国家义务教育质量监测方案》的通知[①]

国教督办〔2015〕4号

各省、自治区、直辖市教育厅(教委)、人民政府教育督导部门,新疆生产建设兵团教育局、教育督导部门:

  《国家义务教育质量监测方案》已经国务院教育督导委员会审定,现予印发,请按要求做好义务教育质量监测有关工作。

  附件:国家义务教育质量监测方案

国务院教育督导委员会办公室
2015年4月15日

---

① 国务院教育督导委员会办公室关于印发《国家义务教育质量监测方案》的通知[EB/OL].(2015-08-11)[2021-03-10]. http://www.hsjy.net/jydd1/dddt/content_31674.

附件

国家义务教育质量监测方案

为科学规范开展义务教育质量监测工作,推动实施素质教育,提升义务教育质量,根据《国家中长期教育改革和发展规划纲要(2010—2020)》"建立国家义务教育质量基本标准和监测制度"的要求,制定本方案。

一、监测目的

客观反映义务教育阶段学生学业质量、身心健康及变化情况,深入分析影响义务教育质量的主要原因,为转变教育管理方式和改进学校教育教学提供参考,引导社会树立正确的教育质量观,纠正以升学率作为评价学校和学生唯一标准的做法,推动义务教育质量和学生健康水平不断提升。

二、监测原则

(一)客观性。采取抽样调查方法,科学设计监测指标和监测流程,准确反映教育质量状况及其影响因素。

(二)规范性。以国家教育法律法规和义务教育课程标准为依据,充分考虑不同地区教育教学差异和不同类型学生的特点,规范流程,严格操作,确保监测结果真实有效。

(三)引导性。全面监测学生德智体美各方面,重点考查学生健康水平、综合素质和运用知识的能力,推进素质教育有效实施。

三、监测学科

为全面反映学生的知识和能力水平,依据我国义务教育课程设置的基本要求,考虑相关学科对学生发展的影响程度,借鉴部分国家和国际项目的做法,监测学科确定为语文、数学、科学、体育、艺术、德育。

四、监测对象

依据义务教育课程标准对各学段各学科的划分情况,考虑学生认知和学习能力发展的阶段性特征,监测对象确定为义务教育阶段四年级和八年级学生。

五、监测周期

为保证监测工作的系统性、连续性,有效跟踪义务教育质量变化情况,最大限度提高监测效益,每个监测周期为三年,每年监测两个学科领域。具体安排是:第一年度监测数学和体育,第二年度监测语文和艺术,第三年度监测科学和德育。

六、监测时间

综合考虑学习内容的完整性和便于组织测试等因素,每年测试时间选择在6月中旬,具体时间在当年测试方案中确定。

七、监测内容

为了测查学生掌握知识、技能的程度和分析解决问题的能力,参照义务教育课程标准,监测学科的主要内容如下:

(一)语文。重点测查语文基础、文本阅读、书面表达、识别与推论、整合与解释、评价与鉴赏,学习兴趣、学习信心和学习习惯等。

(二)数学。重点测查数与代数、图形与几何、统计与概率,知识的了解、理解和运用,学习兴趣、学习信心和学习习惯等。

(三)科学。重点测查生命科学、物质科学、地球与宇宙,知识的了解、理解和运用,科学问题的探究、解释、解决,学习兴趣、学习信心和学习习惯等。

(四)体育。重点测查身高、体重、视力、肺活量、力量、速度、耐力,兴趣与态度,健康、睡眠和锻炼习惯等状况。

(五)艺术。重点测查对艺术作品表现形式、民族艺术作品特点、中外艺术作品表达主题和情感的了解、理解,对民族艺术的兴趣、喜爱,以及艺术活动的参与等。

(六)德育。重点测查学生对社会主义核心价值观以及中华优秀传统文化的理解,日常生活中道德行为规范的掌握,基本国情、地理和历史常识、安全和法律常识等的了解,与他人、与社会、与自然关系的认识。

为全面掌握义务教育总体情况,为相关政策制定和改进管理提供依据,在监测六个学科领域表现水平的同时,调查影响学业水平的相关因素,包括所监测学科领域的课程开设、条件保障、教师配备、学科教学以及学校管理等。

八、监测工具

监测工具包括纸笔测试工具和现场测试工具。纸笔测试工具分为学科测试卷和调查问卷。学科测试卷主要测查学生的学业水平,题型分为选择题、填空题以及开放式问答题三种;调查问卷主要调查影响学生学业水平的相关因素,分为学生问卷、教师问卷、校长问卷三种。现场测试工具主要用于体育、科学、艺术等学科领域,通过学生的现场演示和项目参与,考查运动、操作、创作能力。

九、监测样本

为了保证监测结果的代表性和数据的准确性,根据我国义务教育阶段学校和学生量大、面广的特点,采取抽样监测方式。监测样本采取分层不等概率方式抽取,分以下三个阶段进行。

(一)抽取县(市、区)。根据人口总量、经济发展水平和教育发展状况,在全国31省(区、市)及新疆生产建设兵团抽取样本县(市、区),样本数量为全国总县数十分之一左右。每个省(区、市)不少于6个样本县(市、区)。

(二)抽取学校。根据地理位置、城乡分布、学校类型等因素,采用按规模成比例概率抽样(PSS)方法,在样本县(市、区)抽取样本学校,每个样本县(市、区)抽取的小学不少于12所,初中不少于8所。

(三)抽取学生。在每所样本学校的四年级和八年级随机抽取不少于30名学生,每个省(区、市)抽取学生总数不少于3600名。

十、统一测试

为了保证测试操作规范,全国所有样本县(市、区)、样本校按照统一要求,在规定时间开展统一测试。测试安排在本校,严格按照规定程序进行。

十一、水平划定

根据课程标准和学生答题的实际表现,对学生学业水平进行等级划分和具体描述。等级标准的划定,参照我国教育教学中常用的"优、良、中、差"四个等级,借鉴国际通行方法,将学生学业表现划分为水平Ⅰ、水平Ⅱ、水平Ⅲ和水平Ⅳ四个水平段。

十二、监测报告

根据报告目的、内容和阅读对象的不同,主要形成基础数据报告、分省监测报告和国家监测报告三类报告。

(一)基础数据报告。主要呈现以县为单位的原始数据汇总,供监测评价机构内部分析使用,不对外公开发布。

(二)分省监测报告。分省(区、市)呈现学生在学科领域的表现水平,影响该省(区、市)学生学业水平的主要因素,以及相关分析。该报告供各地政府和教育部门参考,不对外公开发布。

（三）国家监测报告。主要呈现全国学生学业水平总体状况，影响学生学业水平的主要因素，以及相关分析。该报告向社会公开发布。

十三、组织实施

义务教育质量监测工作由各级政府教育督导部门组织实施。国务院教育督导委员会办公室负责统筹规划、政策指导，委托相关专业机构承担业务培训、工具研发、数据采集、形成报告等工作。省级教育督导部门负责本地区的测试组织和过程监督。县级教育督导部门负责组织现场测试。

教育部等六部门关于印发
《义务教育质量评价指南》的通知[①]

教基〔2021〕3 号

各省、自治区、直辖市教育厅（教委）、党委组织部、编办、发展改革委、财政厅（局）、人力资源社会保障厅（局），新疆生产建设兵团教育局、党委组织部、编办、发展改革委、财政局、人力资源社会保障局：

为深入贯彻中共中央、国务院印发的《关于深化教育教学改革全面提高义务教育质量的意见》《深化新时代教育评价改革总体方案》精神，教育部、中央组织部、中央编办、国家发展改革委、财政部、人力资源社会保障部等六部门制定了《义务教育质量评价指南》，已报经中央教育工作领导小组同意，现印发给你们，请遵照执行。

教育部　中共中央组织部　中央编办
国家发展改革委　财政部　人力资源社会保障部
2021 年 3 月 1 日

[①] 教育部等六部门.教育部等六部门关于印发《义务教育质量评价指南》的通知[EB/OL].（2021-03-04）[2021-07-22]. http://www.moe.gov.cn/srcsite/A06/s3321/202103/t20210317_520238.html.

义务教育质量评价指南

为深入贯彻习近平总书记在全国教育大会上重要讲话精神，切实扭转不科学的教育评价导向，全面深化义务教育教学改革，促进义务教育内涵发展和质量提升，推进教育治理体系和治理能力现代化，根据中共中央、国务院印发的《关于深化教育教学改革全面提高义务教育质量的意见》《深化新时代教育评价改革总体方案》精神，制定本指南。

一、总体要求

（一）指导思想

坚持以习近平新时代中国特色社会主义思想为指导，全面贯彻党的教育方针，坚持社会主义办学方向，遵循学生成长规律和教育规律，加快建立以发展素质教育为导向的义务教育质量评价体系，强化评价结果运用，健全立德树人落实机制，构建德智体美劳全面培养教育体系，引领深化教育教学改革，全面提高义务教育质量，努力培养德智体美劳全面发展的社会主义建设者和接班人。

（二）基本原则

坚持正确方向。践行为党育人、为国育才使命，坚持正确政绩观和科学教育质量观，促进义务教育公平发展和质量提升。

坚持育人为本。面向全体学生，注重综合素质评价，促进全面培养，引导办好每所学校、教好每名学生。

坚持问题导向。完善评价内容，突出评价重点，改进评价方法，统筹整合评价，着力克服"唯分数、唯升学"倾向，促进形成良好教育生态。

坚持以评促建。坚持实事求是、客观公正，强化过程性评价和发展性评价，有效发挥引导、诊断、改进、激励功能，促进义务教育优质均衡发展。

二、评价内容

义务教育质量评价包括县域、学校、学生三个层面（具体指标详见附件），三者紧紧围绕贯彻党的教育方针，以促进学生全面发展为目标，各有侧重、相互衔接、内在统一，构成完整的义务教育质量评价体系。

（一）县域义务教育质量评价。主要包括价值导向、组织领导、教学条件、教师队伍、均衡发展五个方面重点内容，旨在促进地方党委政府坚持社会主义办学方向,加强对义务教育工作的领导,履行举办义务教育职责,促进县域义务教育优质均衡发展。

(二)学校办学质量评价。主要包括办学方向、课程教学、教师发展、学校管理、学生发展五个方面重点内容,旨在促进学校落实德智体美劳全面培养要求,深入实施素质教育,充分激发办学活力,不断提高办学水平和育人质量。

(三)学生发展质量评价。主要包括学生品德发展、学业发展、身心发展、审美素养、劳动与社会实践五个方面重点内容,旨在促进学生德智体美劳全面发展,培养适应终身发展和社会发展需要的正确价值观、必备品格和关键能力。

三、评价方式

义务教育质量评价实施工作要注重优化评价方式方法,不断提高评价工作的科学性、针对性、有效性。

(一)注重结果评价与增值评价相结合。关注学生发展、学校办学、县域义务教育发展合格程度的同时,关注其发展水平和工作水平的进步程度,科学评判地方党委政府、学校和教师的努力程度。

(二)注重综合评价与特色评价相结合。关注县域、学校全面育人整体成效和学生德智体美劳全面发展情况的同时,注重差异性和多样性,关注每一所学校和每一名学生,促进学校特色发展和学生个性发展。

(三)注重自我评价与外部评价相结合。在引导学生、学校和县级党委政府积极开展常态化自我评价和即时改进的同时,构建主体多元、统整优化、责任明晰、组织高效的外部评价工作体系。

(四)注重线上评价与线下评价相结合。建立县域、学校、学生常态化评价网络信息平台及数据库,完善学生综合素质评价档案,并通过实地调查、观察、访谈等方式,了解掌握实际情况,确保评价真实全面、科学有效。

四、评价实施

(一)明确责任分工。义务教育质量评价实行县(市、区)和校自评、市级复核、省级评价、国家抽查监测。义务教育学校对本校办学质量进行自评,并对学生德智体美劳全面发展情况进行评价。县级党委政府对学校办学质量进行评价,并对本县域义务教育质量和党委政府履职情况进行自评,自评报告报上级教育督导部门。市级政府教育督导部门对县域义务教育质量自评工作情况进行复核。省级政府教育督导部门组织对行政区域内各县(市、区)义务教育质量情况进行评价,每年将评价情况报国家教育督导部门备案。国家教育督导部门对省级开展县域义务教育质量评价情况进行抽查,对学生发展质量情况进行监测。

(二)明确评价周期。对学校、县域质量评价要实现全覆盖,评价周期依据所辖县数、学校数和工作需要,由各地自行确定,原则上每3～5年一轮,并保证在县级党政主要负责人、校长任期内至少进行一次评价。

五、评价结果运用

各地要不断完善义务教育质量评价结果运用的机制,充分发挥评价结果对提高义务教育质量的引领和促进作用。

(一)要运用好学生发展质量评价结果。指导教师精准分析学情,因材施教,促进每个学生全面健康成长。将学生发展质量评价结果作为学校办学质量评价和县域义务教育质量评价的重要依据。

(二)要运用好学校办学质量评价结果。指导学校改进教育教学和管理,全面育人、科学育人,提升办学治校和实施素质教育能力。将学校办学质量评价结果作为对学校奖惩、政策支持、资源配置和考核校长的重要依据。

(三)要运用好县域义务教育质量评价结果。引导县级政府落实法律法规要求,督促政府履职尽责,为办好义务教育提供充分的条件保障和良好的政策环境。将县域义务教育质量评价结果与县级党政领导履行教育职责评价、义务教育优质均衡发展认定等工作挂钩。对质量评价结果不合格的,不能评优评先,不能认定为优质均衡发展县(市、区)。对履职不到位、落实政策不力、违反有关规定、县域教育教学质量下降且整改不到位的,要对县级党政主要领导和分管负责人、相关部门主要负责人进行问责。

六、组织保障

(一)加强组织领导。各地要将义务教育质量评价工作纳入地方党委政府、教育部门和学校的重要议事日程,建立党委政府领导、政府教育督导部门牵头、部门协同、多方参与的组织实施机制。实施义务教育质量评价工作,要与已经开展的对地方政府履行教育职责督导评价、中小学校督导评估、义务教育质量监测等工作有效整合、统筹实施,避免重复评价。各地可结合本地实际,制定义务教育质量评价实施细则。

(二)加强队伍建设。各地要组建高水平、相对稳定的质量评价队伍,主要由督学、教育行政人员、教育科研人员、校长、教师及其他有关方面人员组成。

评价人员在教育法律法规和政策、教育教学、学校管理、督导评价等方面应具有较高理论素养、专业能力和丰富经验。要积极探索采取政府购买服务方式,培育和委托第三方专业机构开展义务教育质量评价工作。

附件:义务教育质量评价指标

义务教育质量评价指标

一、县域义务教育质量评价

重点内容	关键指标	考查要点
A1.价值导向	B1.全面贯彻党的教育方针	1.加强党对教育工作的全面领导,坚持社会主义办学方向,落实立德树人根本任务,坚持德智体美劳"五育"并举,发展素质教育,培养担当民族复兴大任的时代新人。 2.树立科学教育质量观,遵循教育规律,坚持德育为先、全面发展、面向全体、知行合一,注重提高学生综合素质,培养学生正确价值观、必备品格和关键能力。 3.树立正确政绩观,办好每所学校,关心每名学生成长。坚决克服唯分数、唯升学倾向,不给学校下达升学指标,不单纯以升学率评价学校、校长和教师;不举办重点学校。
	B2.创建良好教育生态	4.坚持正确舆论导向,做好党的教育方针、科学教育观念和教育教学改革典型经验宣传报道;不公布、不炒作中高考状元、升学率。 5.完善学校、家庭、社会协同育人机制,加强社区家长学校、家庭教育指导服务站点建设,净化社会和网络文化环境,营造良好育人氛围。 6.严格控制面向学校的各类审批、检查验收、创建评比等活动,规范各类"进校园"活动,减轻校长、教师非教育教学任务负担;强化中小学校在课后服务中的主渠道作用,规范面向中小学生的校外培训和社会竞赛活动,减轻学生过重课外负担。
A2.组织领导	B3.健全领导机制	7.县级党委政府每年定期听取义务教育工作汇报,及时研究解决义务教育重大问题,建立健全提高义务教育质量的统筹协调、部门联动工作机制。 8.加强县(市、区)教育部门领导班子和校长队伍建设,选配政治素质过硬、热爱教育事业、尊重教育规律、有较强组织协调能力的干部担任县级教育部门书记、局长(主任),按照《中小学校领导人员管理暂行办法》选优配强学校书记和校长。 9.处理好政府与学校的关系,落实学校办学自主权,充分激发学校办学活力,促进学校办出特色、办出水平。

续表

重点内容	关键指标	考查要点
A2.组织领导	B4.强化考核督导	10.把全面提高义务教育质量纳入党政领导干部考核督查范围。 11.强化教育教学督导,认真实施义务教育质量监测;严格监管课程实施和教材使用。 12.依据考核督导结果,建立奖励问责机制。
A3.教学条件	B5.保障足够学位	13.适应学龄人口变化,合理规划城乡学校布局,保障义务教育学位供给,切实消除大班额,不得新增大校额。
	B6.保障教学设施	14.配齐配足教学实验设施设备、图书、音体美器材、计算机,加强学校教育信息化建设;配备团队活动、心理辅导、卫生保健等必要场所。 15.建立劳动教育、综合实践基地,统筹利用博物馆、展览馆、红色教育基地、乡村人文自然资源等,支持学校开展教育教学活动。
	B7.保障教学经费	16.优化教育支出结构,加强对教育教学改革、教师队伍建设的经费保障,特别是保障教研、教师培训、课程资源开发、劳动教育等经费。 17.按标准落实义务教育生均公用经费,严格落实乡村小规模学校、乡镇寄宿制学校补助经费。
A4.教师队伍	B8.保障教师编制配备	18.依照标准足额核定教职工编制,实行动态管理;县级教育部门统筹合理调配各校编制,并向乡村小规模学校和乡镇寄宿制学校倾斜;不存在挤占、挪用、截留教职工编制的情况。 19.严格教师资格准入制度,按国家规定课程配足配齐所有学科教师,充分发挥教育部门和学校在教师招聘中的重要作用;完善城乡教师交流轮岗制度,推动城镇优秀教师向乡村学校、薄弱学校流动。
	B9.提高教师队伍素质	20.加强师德师风建设,落实教师职业行为准则,大力宣传优秀教师先进事迹,严肃查处违反教师职业道德行为。 21.落实教师全员培训制度,确保教师完成规定培训学时;优化教师队伍结构,加强骨干教师队伍建设,提高教师队伍专业化水平和信息化应用水平。 22.健全教研制度,加强教研机构建设,落实教研员专业标准,配足配齐所有学科专职教研员,充分发挥专业支撑作用。
	B10.落实教师地位待遇	23.依法保障教师工资收入水平,合理核定学校绩效工资总量,完善学校绩效工资分配办法,绩效工资增量主要用于奖励性绩效工资分配;落实乡村教师补贴政策。 24.落实教师优待政策,定期表彰奖励优秀教师。

续表

重点内容	关键指标	考查要点
A5.均衡发展	B11.保障教育机会均等	25.推进县域城乡义务教育一体化发展,加强乡村学校、薄弱学校建设,推进集团化、学区化办学,促进义务教育优质均衡发展。 26.健全控辍保学机制,适龄儿童少年应入尽入,实现义务教育有保障。 27.推进免试就近入学全覆盖,规范公办民办学校同步招生,严禁违规跨区域、考试掐尖招生,实行均衡编班。 28.保障进城务工人员随迁子女平等接受义务教育,落实家庭经济困难学生资助政策,加强残疾儿童、留守儿童、困境儿童教育关爱。
	B12.学校办学质量状况	29.县域内学校办学质量总体状况及年度变化情况;县域内学校间办学质量差异状况及年度变化情况。 30.师生、家长、社会等方面对县域内义务教育质量的满意度。

二、学校办学质量评价

重点内容	关键指标	考查要点
A1.办学方向	B1.加强党建工作	1.健全党对学校工作领导的制度机制,以政治建设为统领,加强学校领导班子建设,推进党的工作与教育教学工作紧密融合,把思想政治工作贯穿学校教育教学全过程。 2.落实学校党的组织和党的工作全覆盖,落实党风廉政建设责任制和意识形态工作责任制;坚持党建带团建、队建,充分发挥学校工会、共青团、少先队等群团组织作用。
	B2.坚持立德树人	3.全面贯彻党的教育方针,坚持科学教育质量观,落实德智体美劳全面培养要求,坚持全员、全过程、全方位育人,深入实施素质教育,促进学生全面发展、健康成长。 4.把立德作为育人首要任务,制定并有效实施落实《中小学德育工作指南》的具体工作方案,将培育和践行社会主义核心价值观融入教育教学全过程,教育引导学生爱党爱国爱人民爱社会主义。
A2.课程教学	B3.落实课程方案	5.开齐开足开好国家规定课程;规范使用审定教材,不得引进境外课程、使用境外教材。 6.加强课程建设,特别是德育、体育、美育、劳动教育等课程建设,重视法治教育、安全教育和心理健康教育,有效开发和实施地方课程、校本课程。

续表

重点内容	关键指标	考查要点
A2.课程教学	B4.规范教学实施	7.健全学校教学管理规程,统筹制定教学计划;按照课程标准实施教学,不存在随意增减课时、改变难度、调整进度等问题。 8.完善教师集体备课制度,健全教学评价制度,注重教学诊断与改进;校长深入课堂听课、参与教研、指导教学。 9.健全作业管理办法,统筹调控作业量和作业时间;严控考试次数,不公布考试成绩和排名;实现课后服务全覆盖,提高课后服务质量,防止学业负担过重。
	B5.优化教学方式	10.积极学习应用优秀教学成果和信息化教学资源,鼓励教师改进和创新教育教学方法,注重启发式、互动式、探究式教学,推进信息技术与教育教学深度融合。 11.坚持因材施教、教好每名学生,精准分析学情,重视差异化教学和个别化指导,培养学生自主学习能力,帮扶学习困难学生。 12.强化实践育人,积极开展劳动教育和综合实践活动,培养学生的社会责任感、创新精神和实践能力。
A3.教师发展	B6.加强师德师风建设	13.按照"四有"好老师标准,健全师德师风建设长效机制,积极选树先进典型,严肃查处师德失范行为。 14.关心教师思想状况,加强思想政治工作和人文关怀,帮助解决教师思想问题与实际困难,促进教师身心健康。
	B7.重视教师专业成长	15.实施教师专业发展规划,优化教师队伍结构,注重青年教师培养;健全校本教研制度,支持教师参加专业培训、凝练教学经验。 16.教师达到专业标准要求,具备较强的育德、课堂教学、作业与考试命题设计、实验操作和家庭教育指导等能力,以及必备的信息化素养和信息技术应用能力;校长注重不断提高学校管理与教育教学领导力。 17.重视加强班主任队伍建设,班主任认真履行岗位职责。
	B8.健全教师激励机制	18.完善校内教师激励体系,坚持公开公平公正,注重精神荣誉激励、专业发展激励、岗位晋升激励、绩效工资激励、关心爱护激励。 19.树立正确激励导向,突出全面育人和教育教学实绩,克服唯分数、唯升学的评价倾向,充分激发教师教书育人的积极性、创造性。
A4.学校管理	B9.完善学校内部治理	20.建设现代学校制度,健全并落实学校各项管理制度,加强作业、睡眠、手机、读物、体质等管理。定期召开教职工代表大会,发挥社区、家长委员会等参与学校管理的积极作用。 21.制定符合实际的学校发展规划,推进学校内涵发展、特色建设,增强学校办学活力。

续表

重点内容	关键指标	考查要点
A4.学校管理	B10.保障学生平等权益	22.落实免试就近入学政策,实行均衡编班,不分重点班、快慢班;落实控辍保学登记、报告和劝返等责任;不存在违规招生、迫使学生转学退学等问题。 23.落实进城务工人员随迁子女入学、残疾儿童随班就读、家庭经济困难学生资助等政策,加强对留守儿童、困境儿童及其他需要特别照顾学生的关爱帮扶和心理辅导。
	B11.加强校园文化建设	24.建设体现学校办学理念和特色的校园文化,加强校风教风学风建设,增进师生相互关爱,增强学校凝聚力;密切家校协同育人,强化家庭教育指导。 25.优化校园空间环境,建设健康校园、平安校园、书香校园、温馨校园、文明校园,营造和谐育人环境。
A5.学生发展	B12.学生发展质量状况	26.加强学生综合素质档案建设和使用,客观反映学生德智体美劳全面发展整体水平及变化情况。 27.师生、家长、社会等方面对学校办学质量的满意度。

三、学生发展质量评价

重点内容	关键指标	考查要点
A1.品德发展	B1.理想信念	1.了解党史国情,珍视国家荣誉,铸牢中华民族共同体意识,爱党爱国爱人民爱社会主义,立志听党话、跟党走,从小树立为实现中华民族伟大复兴的中国梦而努力奋斗的志向。 2.会唱国歌,积极参加升国旗仪式;积极参加重要节日、纪念日主题教育活动,积极参加少先队、共青团活动。 3.热爱并努力学习中华优秀传统文化、革命文化和社会主义先进文化,传承红色基因,增强"四个自信";积极向英雄模范和先进典型人物学习。
	B2.社会责任	4.养成规则意识,遵守校规校纪,遵守法律法规、社会公德和公共秩序。 5.爱护公共财物,保护公共环境,热爱大自然;节粮节水节电、低碳环保生活;积极参加集体活动,主动为班级、学校、同学及他人服务。
	B3.行为习惯	6.注重仪表、举止文明,诚实守信、知错就改,朴素节俭、不相互攀比。 7.孝敬父母、尊重师长,同学和他人,礼貌待人,与人和谐相处。 8.自己事情自己做,他人事情帮着做。

续表

重点内容	关键指标	考查要点
A2. 学业 发展	B4. 学习 习惯	9.保持积极学习态度,具有学习自信心和自主学习意识,善于合作学习,努力完成学习任务。 10.掌握有效学习方法,主动预习,认真听讲,积极思考,踊跃提问,及时复习,认真完成作业。
	B5. 创新 精神	11.积极参加学校兴趣小组社团活动,有小制作、小发明、小创造等科学兴趣特长。 12.有好奇心、想象力和求知欲,有信息收集整合、综合分析运用能力,有自主探究、独立思考、发现问题、解决问题的意识与能力。
	B6. 学业 水平	13.理解学科基本思想和思维方法,掌握学科基本知识、基本技能,达到国家规定的义务教育课程学业质量标准要求;校内、校外学业负担感受状况。 14.养成阅读习惯,具备一定阅读量和阅读理解能力;主动参与实验设计,能够完成实验操作。
A3. 身心 发展	B7. 健康 生活	15.营养健康饮食,讲究卫生,按时作息,保证充足睡眠,养成坐、立、行、读、写正确姿势;积极参加体育活动,坚持每天锻炼身体至少1小时,坚持做广播体操、眼保健操。 16.树立珍爱生命、安全第一意识,掌握安全、卫生防疫等基本常识,注重日常预防和自我保护,具备避险和紧急情况应对能力。 17.不过度使用手机,不沉迷网络游戏,不吸烟、不喝酒、不赌博,远离毒品。
	B8. 身心 素质	18.体质健康监测达标,掌握1~2项体育运动技能,有效控制近视、肥胖、脊柱姿态不良等。 19.保持自尊自信、自立自强,乐观向上、阳光健康心态,合理表达、控制调节自我情绪;能够正确看待挫折,具备应对学习压力、生活困难和寻求帮助的积极心理素质和能力。
A4. 审美 素养	B9. 美育 实践	20.积极参加学校、社区(村)组织的文化艺术等各种美育活动。 21.经常欣赏文学艺术作品、观看文艺演出、参观艺术展览等。
	B10. 感受 表达	22.掌握1~2项艺术技能,会唱主旋律歌曲。 23.具备健康向上的审美趣味、审美格调,能够在学习和生活中发现美、感受美、欣赏美、表达美。

续表

重点内容	关键指标	考查要点
A5.劳动与社会实践	B11.劳动习惯	24.具有尊重劳动、热爱劳动的观念,能够吃苦耐劳,尊重劳动者,珍惜劳动成果。 25.积极参加家务劳动、校内劳动、校外劳动,具有一定的生活能力和劳动技能。
	B12.社会体验	26.积极参与社会调查、研学实践、志愿服务和公益活动。 27.在农业生产、工业体验、商业和服务业实践中,主动体验职业角色。

后　记

　　这本小书写完了，细看着它，还很粗糙，但是浸透着自己多年的汗水，同时，也凝聚着课题组老师们的辛苦和努力。2015年5月，国务院教育督导委员会办公室公布《国家义务教育质量监测方案》，明确小学德育质量监测纳入国家义务教育质量监测体系。2015年暑期，在一次教研活动中，有几位老师提起如何认识国家开展小学德育质量监测以及如何准备监测等问题。会后，笔者邀请几位学科教研员和骨干教师对小学德育质量监测问题进行初步思考和研究，并决定准备申报一个教育部重点课题进行重点研究。

　　在本课题研究思路梳理和论证过程中，课题组主要成员认真研读教育部基础教育质量监测中心、中国基础教育质量监测协同创新中心边玉芳教授和梁丽婵博士合著的《基础教育质量监测工具的研发》（北京师范大学出版社出版），并从中得到许多启发，顺利完成申报表填写和论证工作，及时提交材料。2016年7月，收到全国教育科学规划办的课题立项通知，大家都甚为高兴，但在研究初期发现，这一课题研究的难度相当大。

　　值得高兴的是，在课题研究过程中，得到中国基础教育质量监测协同创新中心专家的大力支持，再次表示感谢。2017年9月24日，在龙岩市永定区坎市中心小学，邀请中国基础教育质量监测协同创新中心边玉芳教授开设专题报告,对小学德育质量监测框架和工具的研发进行指导;2018年10月9日,在晋江市金井镇毓英中心小学,邀请中国基础教育质量监测协同创新中心梁丽婵博士到场指导课题中期研讨活动,并开设专题讲座,对监测与评价中的若干关键问题进行指导,引领课题研究深入开展;2020年8月20日,在福安市实验小学教育集团南湖校区,邀请北京师范大学教育基本理论研究院班建武副教授开设线上专题讲座,对小学德育质量监测结果的解读和应用进行指导;2020年12月9日,邀请中国基础教育质量监测协同创新中心梁丽婵博士开设线上讲座,从国际大型测评项目对小学道德与法治学科监测的启示角度进行指导。

  本课题的研究成果,主体部分用于相关年份福建省小学德育质量监测工具的研发工作。福建省人民政府教育督导办公室发布的《福建省义务教育质量监测·道德与法治质量监测结果报告》中的小学德育部分许多监测数据引起社会各界的广泛关注。

  本书在撰写过程中,参阅了许多专家和同行的研究,谨此致谢,凡未一一注明的,敬请谅解。

  本书尚有不足之处,望同行不吝赐教,提出宝贵意见。

高本光
2021年7月于福州